Dennis Holz

Internationale Strategische Allianzen in der Automobilindustrie

Die Renault-Nissan Allianz

Holz, Dennis: Internationale Strategische Allianzen in der Automobilindustrie.
Die Renault-Nissan Allianz, Hamburg, Diplomica Verlag GmbH

Umschlagsgestaltung: Diplomica Verlag GmbH, Hamburg
Umschlagsmotiv: © Nataliya Hora - Fotolia.com

ISBN: 978-3-8428-8895-1

© Diplomica Verlag GmbH, Hamburg 2012

Bibliografische Information der Deutschen Nationalbibliothek:

Die Deutsche Nationalbibliothek verzeichnet diese Publikation
in der Deutschen Nationalbibliografie;
detaillierte bibliografische Daten sind im Internet über
http://dnb.d-nb.de abrufbar.

Die digitale Ausgabe (eBook-Ausgabe) dieses Titels trägt die
ISBN 978-3-8428-3895-6 und kann über den Handel oder
den Verlag bezogen werden.

Dieses Werk ist urheberrechtlich geschützt. Die dadurch begründeten Rechte, insbesondere die der Übersetzung, des Nachdrucks, des Vortrags, der Entnahme von Abbildungen und Tabellen, der Funksendung, der Mikroverfilmung oder der Vervielfältigung auf anderen Wegen und der Speicherung in Datenverarbeitungsanlagen, bleiben, auch bei nur auszugsweiser Verwertung, vorbehalten. Eine Vervielfältigung dieses Werkes oder von Teilen dieses Werkes ist auch im Einzelfall nur in den Grenzen der gesetzlichen Bestimmungen des Urheberrechtsgesetzes der Bundesrepublik Deutschland in der jeweils geltenden Fassung zulässig. Sie ist grundsätzlich vergütungspflichtig. Zuwiderhandlungen unterliegen den Strafbestimmungen des Urheberrechtes. Die Wiedergabe von Gebrauchsnamen, Handelsnamen, Warenbezeichnungen usw. in diesem Werk berechtigt auch ohne besondere Kennzeichnung nicht zu der Annahme, dass solche Namen im Sinne der Warenzeichen- und Markenschutz-Gesetzgebung als frei zu betrachten wären und daher von jedermann benutzt werden dürften. Die Informationen in diesem Werk wurden mit Sorgfalt erarbeitet. Dennoch können Fehler nicht vollständig ausgeschlossen werden und die Diplomica GmbH, die Autoren oder Übersetzer übernehmen keine juristische Verantwortung oder irgendeine Haftung für evtl. verbliebene fehlerhafte Angaben und deren Folgen.

Vorwort

Schaut man sich die Anfänge des Projektmanagements an, so wird von Historikern und Nostalgikern gleichermaßen gern auf die Architekturwunder längst ausgestorbener Hochkulturen verwiesen. Der Bau der Pyramiden der alten Ägypter, Azteken und Maya war sicherlich einer der ersten Ansätze erfolgreichen Projektmanagements, ohne dass die Betroffenen bereits das heutige Vokabular dafür nutzten.

Aus den Großprojekten der heutigen Zeit, insbesondere aus dem Kraftwerksbau und dem amerikanischen Luft- und Raumfahrtprogramm entwickelte sich dann eine Form des Projektmanagements, die leider nur auf sehr schmalen Füßen den Weg in die Unternehmen fand. Lange Zeit sah die weit verbreitete Praxis so aus, dass man mit der Benennung eines Projektleiters und der Bereitstellung einer EDV-basierten Terminplanung schon die organisatorischen und toolseitigen Ansprüche des Projektmanagements erfüllt glaubte. In kleineren Unternehmen, die keine ausgesprochene Projektorganisation haben, sondern Projekte noch immer in Reinkultur als eine „… einmalige, neuartige …" u.s.w. Aufgabenstellung ansehen, sind das teilweise noch heute die Hauptgestaltungsparameter der Projektarbeit.

Und dann passierten in kurzer zeitlicher Folge drei Dinge, die dem Projektmanagement eine weltweit sehr große und bis heute noch weiter steigende Bedeutung zukommen ließen. Wir wollen es

- Professionalisierung
- Parallelisierung und
- Internationalisierung

nennen.

Mit der Professionalisierung entstand in erster Linie der deutlich ausgebaute Methodenkanon, der sich heute hinter dem Projektmanagement verbirgt. Neben der Termin- und Ressourcenplanung einerseits und der Budgetplanung und -kontrolle andererseits sind Themen wie das Risikomanagement (inzwischen eigenständig normiert in der DIN 31.000), das Konfigurations- und Änderungsmanagement (insbesondere in Projekten der variantenreichen Produktentwicklung), das Requirements Management (als Fortsetzung des Wechselspiels von Lasten- und Pflichtenheft an der Schnittstelle zum Kunden) und viele andere Dinge entstanden. Die Deutsche Gesellschaft für Projektmanagement (GPM e.V.) hat bereits frühzeitig mit einem vierbändigen Standardwerk reagiert und die Professionalisierung des Projektmanagements auf über 2.500 Seiten strukturiert, systematisiert und dokumentiert.

Mit der Parallelisierung von Projekten entwickelten sich hingegen neue Disziplinen, die sich heute u. a. unter den Begriffen Multiprojektmanagement, Projektportfoliomanagement und Programmmanagement etabliert haben. Über die Vielzahl von Projekten ist nicht nur das Projektmanagement selbst, sondern auch die Projektorganisation erwachsen geworden. Viele Unternehmens-, vor allem Entwicklungsbereiche sowie teilweise komplette Unternehmen haben inzwischen auf die Projektorganisation umgestellt. In kreativer Anwendung und Weiterentwicklung des (Geschäfts-)Prozessmanagements haben sich Projektprozesse entwickelt und als Prozesstemplates etabliert. Diese stehen inzwischen für die serielle wie auch parallele Wiederverwendung bei hoher Wiederholhäufigkeit bereit und beschleunigen die weitere Parallelisierung von Projekten zunehmend.

Der Internationalisierung des Projektmanagements, dem dritten identifizierten Langzeittrend, wollen wir diese Buchreihe widmen. „Internationale und interkulturelle Projekte erfolgreich umsetzen" ist eine Herausforderung der besonderen Art. Neben den beiden erstgenannten Aspekten der Parallelisierung und Professionalisierung des Projektmanagements – beides ist weitgehend rational beschreibbar, erlebbar und quantitativ bewertbar – nimmt die Internationalisierung eine Sonderstellung ein. Kunden oder Auftraggeber sitzen im Ausland, was in der exportstarken Nation Deutschland keine Besonderheit ist. Entwicklungs- und Produktionsstätten werden nach Asien oder Südosteuropa verlagert, was auf Grund des Lohngefälles auch nicht neu ist. Unternehmen, die den deutschen Markt in zunehmender Sättigung erleben (z.B. Lebensmitteldiscounter) gehen ebenso ins Ausland wie Untenehmen, deren Technologie einzigartig und weltführend ist (z.B. die Erneuerbaren Energien). Dazu kommen politische Entscheidungen der Gründung oder Förderung multinationaler Allianzen, wie wir es bei EADS erleben. Last but not least ändern sich die Rahmenbedingungen außerhalb Deutschlands auch stetig derart, dass grenzüberschreitende Zusammenarbeit eher erleichtert, statt erschwert wird (Marktwachstumspotentiale in Indien, zunehmende Öffnung von China, EU-Osterweiterung, Euro-Einführung, etc.).

Wenn Chancen und Potentiale erkannt sind, startet i. d. R. ein Projekt. Wenn sie (noch) nicht erkannt sind, startet ein Pilot- oder Evaluierungsprojekt. Und sobald der Projektstart eine internationale Komponente hat, verlängert sich sofort und signifikant die Liste der kritischen Erfolgsfaktoren. Ganz offensichtliche Aspekte wie das unpersönliche Zusammenarbeiten über große Entfernungen, die Sprachbarrieren, das entkoppelte Agieren in unterschiedlichen Zeitzonen und ergänzende, ggf. sogar widersprüchliche Gesetzesforderungen u. ä., sind dabei noch die geringsten Probleme. Zahlreiche schwerer zu identifizierende und dadurch auch deutlich schwerer zu lösende Herausforderungen ergeben sich aus wechselnden sozialen Strukturen und kulturellen Rahmenbedingungen.

Dem Pauschaltouristen mag die Bemerkung im Reiseführer genügen, dass „[...] der Asiate ständig wirkt, als würde er lächeln." Wer aber in eine internationale Projektgruppe integriert ist, vielleicht sogar umfassende Projektverantwortung trägt, dem stellt sich gleich eine ganze Reihe von Fragen bzgl. der Auswirkungen von Internationalität. Wo und wann brauchen wir mehr Zeit als in nationalen Projekten und wieviel genau mehr? Brauchen wir punktuell mehr Budget und wo können wir dies wieder einsparen? Wie machen sich erschwerte Kommunikationsbedingungen in der Projektplanung bemerkbar und wie kann aktiv steuernd darauf eingewirkt werden? Welche neuen, bisher nie erlebten Potentiale ergeben sich in einer internationalen, multikulturellen Projektumgebung?

Auf all diese Fragen gibt es leider noch nicht hinreichend viele gute, vor allem noch keine strukturierten oder gar quantifizierten Antworten. Aber es gibt bereits sehr viele wertvolle Erfahrungen. Genau diese möchten wir mit dieser Schriftenreihe zur Verfügung stellen. Wir möchten Studien und Projektberichte veröffentlichen, die helfen, aus den Fehlern und den Erfolgen anderer zu lernen. Ohne selbst den Stein der Weisen außerhalb der Grenzen Deutschlands gefunden zu haben, möchten wir Beispiele und Anregungen geben, wie Sie „Internationale und interkulturelle Projekte erfolgreich umsetzen" können. Deshalb haben wir diese Schriftenreihe so genannt.

Steffen Rietz

GPM-Fachgruppe für Projekt- und Prozessmanagement

Lehrstuhl für Technisches Projektmanagement an der FHW

Herausgeber:

Prof. Dr.-Ing. Steffen Rietz
Deutsche Gesellschaft für Projektmanagement (GPM) e.V.
mail to: projekt-prozessmanagement@gpm-ipma.de

c/o FHW, Fachhochschule Westküste
Fachgebiet Technisches Projektmanagement
Fritz-Thiedemann-Ring 20
25746 Heide /Holst.

Prof. Dr. Rietz ist seit über 15 Jahren in der permanenten methodischen Weiterentwicklung und praktischen Anwendung des Prozess- und Projektmanagements aktiv. Nach der Leitung einiger Forschungs- und industrienaher Beratungsprojekte für das produktionstechnisch orientierte Fraunhofer-Institut für Fabrikbetrieb und -automatisierung übernahm er die Leitung des Fertigungsbereiches eines innovativen mittelständischen Halbleiterherstellers.

Mit dem späteren Wechsel zu einem der großen deutschen, international tätigen Automobilzulieferer übernahm Steffen Rietz zentrale Verantwortung für Projektmanagementmethoden und Entwicklungsprozesse. Aus verschiedenen leitenden Positionen heraus verantwortete er die methodische Optimierung des Projekt- und Prozessmanagements im Entwicklungsbereich, gestaltete und automatisierte maßgeblich den Produktentstehungsprozess für hochkomplexe mechatronische Produkte. Das beinhaltete zunehmend auch dessen Implementierung in standortübergreifende Entwicklungsprojekte und an verschiedenen internationalen Entwicklungsstandorten.

Inzwischen hat Prof. Dr. Rietz den Lehrstuhl für Technisches Projektmanagement im Fachbereich Technik der FHW, Fachhochschule Westküste übernommen und ist Leiter der GPM-Fachgruppe für Projekt- und Prozessmanagement der Deutschen Gesellschaft für Projektmanagement e.V.

Schwerpunkt seiner heutigen Arbeit ist die Schnittstelle von Projekt- und (Geschäfts-)Prozessmanagement, deren Anwendung und Optimierung, vorwiegend im qualitätssichernden Umfeld der Produktentwicklung und nicht zuletzt die schrittweise Integration der durch die Globalisierung stark anwachsenden internationalen und interkulturellen Aspekte im Projekt- und Multiprojektmanagement.

Herr Rietz ist Mitinitiator des Awards für Projekt- und Prozessmanagement, seit 2006 regelmäßiges Mitglied in der Gutachterkommission des inzwischen im gesamten deutschsprachigen Raum etablierten Awards und arbeitet im Normenausschuss des DIN aktiv an der Neufassung der DIN-Norm zum Projektmanagement mit.

Autor:

Dennis Holz
Master of Arts
mail to: dennis.holz@gmx.net

Dennis Holz, Jahrgang 1981

Dennis Holz entschied sich nach seiner Berufsausbildung zum Automobilkaufmann und der Weiterbildung zum Kfz-Betriebswirt, seine fachlichen Qualifikationen im Bereich der Automobilwirtschaft durch ein Studium weiter auszubauen. Das Bachelorstudium in Business Administration mit dem Schwerpunkt Automotive an der FHDW Bergisch-Gladbach schloss er im Jahr 2010 erfolgreich als Bachelor of Arts ab. Im Anschluss absolvierte der Autor erfolgreich sein Masterstudium in Automotive Management an der HfWU Nürtingen-Geislingen bis zum Jahr 2012 mit dem Abschluss Master of Arts und vertiefte und spezialisierte sein Fachwissen entlang der gesamten Wertschöpfungskette der Automobilindustrie. Zudem sammelte der Autor umfassende praktische Erfahrungen in verschiedenen Geschäftsbereichen bei Automobilherstellern. Bereits während des Studiums beschäftigte sich der Autor intensiv mit den Bereichen Unternehmensstrategien und -kooperationen in der internationalen Automobilindustrie. In seiner Master Thesis erfolgte die wissenschaftliche Auseinandersetzung mit der Thematik des Buches.
Der Autor widmet dieses Buch seinem *Flamingo*.

Inhaltsverzeichnis

Abkürzungsverzeichnis 9

Abbildungsverzeichnis 10

1 Einleitung 13

   1.1 Der Trend zu Strategischen Allianzen 13

   1.2 Vorgehensweise und Zielsetzung 17

2 Grundlagen 19

   2.1 Strategische Allianzen 19

      2.1.1 Begriffsdefinition 19

      2.1.2 Begriffsabgrenzung 21

      2.1.3 Theoretischer Bezugsrahmen 24

      2.1.4 Motive und Ziele für Strategische Allianzen 32

      2.1.5 Risiken von Strategischen Allianzen 36

   2.2 Die internationale Automobilindustrie 38

      2.2.1 Grundlagen der internationalen Automobilindustrie 38

      2.2.2 Herausforderungen und kritische Erfolgsfaktoren in der Automobilindustrie...40

      2.2.3 Struktur und Hersteller in der internationalen Automobilindustrie 45

      2.2.4 Strategische Allianzen in der internationalen Automobilindustrie 50

3 Herausforderungen und Erfolgsfaktoren von Strategischen Allianzen 53

   3.1 Das Phasenkonzept von internationalen Strategischen Allianzen 53

      3.1.1 Ausrichtung der Allianz-Strategie 54

      3.1.2 Partnerauswahl 55

      3.1.3 Verhandlung und Strukturierung 64

      3.1.4 Management und Kontrolle 69

      3.1.5 Erfolgsbeurteilung, Anpassung und Beendigung 75

      3.1.6 Phasenübergreifende Faktoren 78

   3.2 Merkmale von Strategischen Allianzen in der Automobilindustrie 79

4 Die internationale Renault-Nissan Allianz 81

4.1 Unternehmen der Renault-Nissan Allianz 81
4.2 Motive und Ziele der Renault-Nissan Allianz 84
4.3 "Fit" der Renault-Nissan Allianz 85
4.4 Struktur der Renault-Nissan Allianz 87
4.5 Management und Zusammenarbeit der Renault-Nissan Allianz 89
4.6 Kooperationsbereiche 94
4.7 Leistungen und strategische Entwicklungen der Renault-Nissan Allianz 99
    4.7.1 Leistungen der Renault-Nissan Allianz 100
    4.7.2 Strategische Entwicklungen der Renault-Nissan Allianz 106

5 Schlussbetrachtung 109

Literaturverzeichnis 115

Abkürzungsverzeichnis

Abb.	=	Abbildung
BRIC(K)	=	Brasilien, Russland, Indien, China, (Südkorea)
F&E	=	Forschung & Entwicklung
GM	=	General Motors Corporation
HKAG	=	Hyundai-Kia Automotive Group
MNC	=	Multi-National Companies
NAFTA	=	North American Free Trade Agreement (USA, Kanada und Mexiko)
OEM	=	Original Equipment Manufacturer
OICA	=	Organisation Internationale des Constructeurs d´Automobiles
VDA	=	Verband der Automobilindustrie
VW	=	Volkswagen AG

Abbildungsverzeichnis

Abbildung 1 Konsolidierungsprozess in der Automobilindustrie Quelle: (Becker, 2010, S. 16) 15

Abbildung 2 Geschäftsbeziehungen zwischen Markt und Hierarchie Quelle: (Boston Consulting Group, 2005, S. 8) 22

Abbildung 3 Zwischenbetriebliche Kooperationsformen Quelle: (Yoshino & Rangan, 1995, S. 8; Kale & Singh, 2009, S. 47) 23

Abbildung 4 Die Fünf Wettbewerbskräfte nach Porter Quelle: (Porter, 2004, S. 4) 25

Abbildung 5 Das Diamant-Modell nach Porter Quelle: (Porter, 1990, S. 77) 26

Abbildung 6 Das Doppel-Diamant-Modell Quelle: (Rugman & D'Cruz, 1993, S. 6) 27

Abbildung 7 Hybride Governancestrukturen zwischen Markt und Hierarchie Quelle: (Picot, Reichwald, & Wigand, 2003, S. 54) 29

Abbildung 8 Transaktionskosten bei Vertragsallianzen und Joint Ventures Quelle: (Garcia-Canal, 1996, S. 778) 29

Abbildung 9 Der ressourcenorientierte Ansatz Quelle: eigene Darstellung in Anlehnung an (Amit & Schoemaker, 1993, S. 37) 31

Abbildung 10 Motive und Ziele zur Bildung von Strategischen Allianzen Quelle: (Arino, Garcia-Canal, & Valdes, 1999, S. 4) 33

Abbildung 11 Motive und Gestaltungsoptionen Strategischer Allianzen Quelle: (Müller-Stewens & Hillig, 1992, S. 79) 34

Abbildung 12 Die automobilwirtschaftliche Wertschöpfungskette Quelle: (Reichhuber, 2010, S. 28) 39

Abbildung 13 Entwicklung Weltautomobilproduktion von 2000 bis 2010 Quelle: (OICA, 2000; 2005-2010); eigene Darstellung 42

Abbildung 14 Kapazitätsauslastungen der internationalen OEMs im Jahr 2005 Quelle: (Becker, 2007, S. 22) 43

Abbildung 15 Die etablierten Märkte der internationalen Automobilindustrie Quelle: (OICA, 2000; 2010); eigene Darstellung 46

Abbildung 16 Die Wachstumsregionen der internationalen Automobilindustrie Quelle: (OICA, 2000; 2010); eigene Darstellung 47

Abbildung 17 Die größten Automobilhersteller nach Produktion und Absatz 2010 Quelle: (Automobil Produktion, 2011; VDA, 2011; OICA, 2010); eigene Darstellung 49

Abbildung 18 Entwicklung der internationalen OEMs & chinesischen JVs von 2000 bis 2010 Quelle: (OICA, 2000; 2010); eigene Darstellung 49

Abbildung 19 Verflechtungen in der internationalen Automobilindustrie Quelle: (Viavision, 2010); Die Abbildung dient der Veranschaulichung der enormen Komplexität der Verflechtungen. Für detailliertere Informationen wird auf die Quelldatei verwiesen. 52

Abbildung 20 Phasenkonzept einer Strategischen Allianz Quelle: eigene Darstellung in Anlehnung an (Das & Teng, 1997; Boston Consulting Group, 2005, S. 20; Jiang, Li, & Gao, 2008, S. 179; Kale & Singh, 2009, S. 48) 53

Abbildung 21 "Fits" in Strategischen Allianzen Quelle: eigene Darstellung in Anlehnung an (Backhaus & Piltz, 1990; Bronder & Pritzl, 1992; Bleeke & Ernst, 1995; Das & Teng, 1997; Child, Faulkner, & Tallman, 2005; Shah & Swaminathan, 2008; Kale & Singh, 2009) 58

Abbildung 22 Erfolgskriterien internationaler Strategischer Allianzen Quelle: (Anderson, 1990, S. 22) 76

Abbildung 23 Kooperationsformen in der Automobilindustrie Quelle: (Mercer, 2005, S. 11)80

Abbildung 24 Struktur der Renault Group Quelle: (Renault Group, 2010, S. 7) 81

Abbildung 25 Internationales Netzwerk der Renault-Nissan Allianz Quelle: (Renault, 2011a, S. 12) 83

Abbildung 26 Struktur der Renault-Nissan Allianz Quelle: (Renault-Nissan, 2009, S. 2) 88

Abbildung 27 Managementstruktur der Renault-Nissan Allianz Quelle: (Renault Group, 2010, S. 36) 90

Abbildung 28 Internationale Kooperationsbereiche der Renault-Nissan Allianz Quelle: (Renault-Nissan, 2008, S. 30f) 99

Abbildung 29 Absatzentwicklung der Renault-Nissan Allianz Quelle: (Renault-Nissan, 2009; Renault Group, 2010; Nissan, 2011a); eigene Darstellung 100

Abbildung 30 Top 10 Absatzmärkte der Renault-Nissan Allianz im Jahr 2010 Quelle: (Renault Group, 2010, S. 44) 101

Abbildung 31 Top 10 Absatzmärkte von Renault und Nissan im Jahr 2010 Quelle: (Renault Group, 2010, S. 45) 102

Abbildung 32 Umsatz und Ergebnis der Renault-Nissan Allianz im Jahr 2010 Quelle: (Renault Group, 2010, S. 60) 103

Abbildung 33 Synergien der Renault-Nissan Allianz im Jahr 2009 Quelle: (Renault, 2011a, S. 10) 104

Abbildung 34 Die größten Automobilhersteller nach Umsatz und Absatz im Jahr 2010 Quelle: (Automobil Produktion, 2011; Fortune, 2011; VDA, 2011); eigene Darstellung 105

1 Einleitung

1.1 Der Trend zu Strategischen Allianzen

Die Globalisierung ist durch eine wachsende Internationalisierung der wirtschaftlichen Unternehmen charakterisiert. Der weltweite Wandel zwingt international operierende Unternehmen zu neuen Strategien und Konzepten, um ihre Wettbewerbsposition nicht nur zu sichern, sondern auch auszubauen. Besonders deutlich wird die Dynamik der Märkte durch das verstärkte Aufkommen vielversprechender Konkurrenten aus den Schwellenländern, Südkorea, Taiwan und Singapur, den sehr gut aufgestellten japanischen Unternehmen, dem Zusammenschluss von Wirtschaftsblöcken, wie die EU[1], die NAFTA[2], der ASEAN[3]- und der MERCOSUR[4]-Staaten und dem Aufstreben der BRIC-Staaten: Brasilien, Russland, Indien und China.

Durch die zunehmende Globalisierung stehen internationale Unternehmen neuen Wettbewerbern gegenüber und müssen größere Märkte bedienen, während die Kosten für Produktentwicklungen enorm steigen und sich die Amortisationszeiten von Investitionen mit der Dauer der Produktlebenszyklen verkürzen. Viele Unternehmen können diese Herausforderungen nicht mehr im Alleingang bewältigen. Sie sind deshalb darauf angewiesen, sich strategische Partner zu suchen mit denen sie gemeinsam Wettbewerbsvorteile erzielen und ihre Marktposition behaupten können (Bronder & Pritzl, 1992).

Einer der wichtigsten Trends des letzten Vierteljahrhunderts in der industriellen Organisation ist die Zunahme der Kooperation zwischen unabhängigen Unternehmen (Grant & Baden-Fuller, 2004). Nach der Welle der Unternehmens-Akquisitionen Ende der siebziger, Anfang der achtziger Jahre zeichnete sich mit Beginn der neunziger Jahre ein neuer Trend unternehmerischen Handelns ab (Bronder & Pritzl, 1992). In den letzten Jahrzenten spielten Strategische Allianzen eine zentrale Rolle in den Wettbewerbs- und Wachstumsstrategien vieler internationaler Unternehmen (Dacin, Hitt, & Levitas, 2001; Kale & Singh, 2009). Strategische Allianzen sind zu einer beliebten *"Waffe"* im dynamischen Wettbewerb der Wirtschaftsumwelt geworden. Sie werden definiert als Vereinbarungen zur Verfolgung von gemeinsamen strategischen Zielen (Das & Teng, 1997, S. 49).

Internationale Strategische Allianzen werden definiert als:

„*...cooperative arrangements, involving cross-border flows and linkages that utilize resources and/or governance structures from autonomous organizations headquartered in two or more countries...*" (Parkhe, 1991, S. 581).

Mehr als 5.000 Joint Ventures und viele weitere Vertragsallianzen wurden allein in den fünf Jahren zwischen 1999 und 2004 geschlossen (Bamford, Ernst, & Fubini, 2004). Viele Unter-

---

[1] Europäische Union ist ein aus 27 europäischen Staaten bestehender Staatenverbund
[2] North American Free Trade Agreement ist eine Freihandelszone im nordamerikanischen Kontinent
[3] Association of Southeast Asian Nations ist eine internationale Organisation südostasiatischer Staaten
[4] Mercado Común del Sur ist die Bezeichnung für den Gemeinsamen Markt Südamerikas

nehmen stehen mit 15 bis 20 Prozent ihrer Umsätze, Vermögenswerte oder Gewinne in Abhängigkeit von Strategischen Allianzen (Ernst & Bamford, 2005). Die Hauptmotive von internationalen Unternehmen zum Schließen einer Strategischen Allianzen sind Wachstum, Kosten- und Risikoreduktion (Arino, Garcia-Canal, & Valdes, 1999).

> „*In a world of imperfect options, they [strategic alliances] are often the fastest, least risky, and most profitable way to go global"* (Ohmae, 1989, S. 147)

Die Hauptziele von kooperierenden Unternehmen in einer Strategischen Allianz sind die Steigerung der Marktmacht, die Verbesserung der Effizienz, der Zugang zu neuen oder kritischen Ressourcen oder Fähigkeiten und der Zugang zu neuen internationalen Märkten (Dacin, Hitt, & Levitas, 2001; Kale & Singh, 2009). Dennoch erreichen viele Strategische Allianzen ihre gesetzten Ziele nicht. Die Zusammenarbeit wird häufig nach fünf bis sieben Jahren beendet, wobei die Hälfte aller Strategischen Allianzen scheitert (Bleeke & Ernst, 1991; Bamford, Ernst, & Fubini, 2004; Ernst & Bamford, 2005). Dabei ist in der Literatur die meist genannte Ursache die Inkompatibilität der kooperierenden Unternehmen (Dacin, Hitt, & Levitas, 2001; Dyer, Kale, & Singh, 2001; Kale & Singh, 2009). Andere Gründe für das Scheitern sind bspw. falsche Strategien, ungerechte oder unrealistische Vereinbarungen oder schwache Kontrolle und Führung (Bamford, Ernst, & Fubini, 2004).

Aufgrund großer Herausforderungen in der internationalen Automobilindustrie zeichnet sich ein Trend zu Kooperationen zwischen Automobilherstellern ab. Schwaches Wirtschaftswachstum in vielen Industrieländern, Kapitalmarktkrisen, stagnierende Realeinkommen und verunsicherte Kunden beeinträchtigen die Automobilnachfrage in hoch entwickelten Ländern und führen bei vielen Automobilherstellern zu hohen Preisnachlässen (Becker, 2007, S. 34). Die Sättigung der etablierten Absatzmärkte der Triade[5], der Markteintritt neuer Automobilhersteller aus den Schwellenländern[6], strukturelle Überkapazitäten und verkürzte Produktlebenszyklen erhöhen den Kostendruck auf die Automobilunternehmen und führen zu einer Intensivierung des Verdrängungswettbewerbs (Becker, 2010, S. 20ff). Fehleinschätzungen und falsche Entscheidungen in der Führungsebene von einigen Automobilherstellern führten zu hohen Kosten und verschlechterten die Wettbewerbsfähigkeit. Fehlinvestitionen und Verluste waren die Folge (Becker, 2007, S. 9ff).

In der Vergangenheit wurde die internationale Automobilindustrie geprägt durch die Konsolidierung der Automobilhersteller (s. Abb. 1) und dem daraus resultierenden Verdrängungswettbewerb (Wallentowitz, Freialdenhoven, & Olschewski, 2009; Becker, 2010).

---

[5] Die Automobilmärkte der USA, Westeuropa und Japan
[6] Insbesondere Automobilunternehmen aus China und Indien

Internationale Strategische Allianzen in der Automobilindustrie

1970	1980	1990	2009	2015
• Albarth	• Alfa-Romeo	• BMW	• BMW	
• Alfa-Romeo	• AMC	• Chrysler	• Daimler-	?
• Alpine	• Aston Martin	• Deewoo	Benz	?
• AMC	• BL	• Daimler-	• Fiat-	?
• Aston Martin	• BMW	Benz	Chrysler	
• BLMC	• Chrysler	• Fiat	• Ford	
• BMW	• Daimler-Benz	• Ford	• GM	
• Chrysler	• De Tomaso	• Fuji H.I.	• Honda	
• Citroen	• Fiat	• GM	• Hyundai	
• Daimler-Benz	• Ford	• Honda	• Mitsubishi	
• De Tomaso	• Fuji H.I.	• Hyundai	• PSA	
• Fiat	• GM	• Isuzu	• Renault-	
• Simca/Chrysler	• Honda	• Mitsubishi	Nissan	
• Ford	• Isuzu	• Nissan	• Suzuki	
• Fuji H.I.	• Lamborghini	• PSA	• Toyota	
• GM	• Lotus	• Porsche	• VW-	
• Honda	• Mazda	• Renault	Porsche	
• Innocenti	• Mitsubishi	• Rolls-Royce		
• Isuzu	• Nissan	• Rover		
• Lamborghini	• Peugeot/Citroen	• Suzuki		
• Lotus	• Porsche	• Toyota		
• Maserati	• Renault	• Volvo		
• Mazda	• Rolls-Royce	• Volkswagen		
• Mitsubishi	• Saab			
• Nissan	• Suzuki			
• Peugeot	• Talbot/Matra			
• Porsche	• Toyota			
• Prince	• Volvo			
• Renault	• Volkswagen			
• Rolls-Royce				
• Saab				
• Seat				
• Suzuki				
• Toyota				
• Volvo				
• Volkswagen				

Abbildung 1 Konsolidierungsprozess in der Automobilindustrie
Quelle: (Becker, 2010, S. 16)

Diese Konzentration war durch zahlreiche Fusionen und Übernahmen zu beobachten. Der Konzentrationsprozess wurde vor allem durch die inflexible, langfristige Kapitalbindung für den Aufbau von Produktionskapazitäten und die hohe Abhängigkeit von Skaleneffekten[7] erzwungen (Becker, 2010, S. 16). Unter den etablierten westlichen Herstellern ist ein Konzentrationsniveau erreicht, bei dem keine weiteren großen Übernahmen oder Fusionen erwartet werden (Becker, 2010). Nach den Fehlern bei gescheiterten Fusionen (bspw. Daimler-Chrysler, BMW-Rover) in der Vergangenheit, ist der aktuelle Trend in der Wettbewerbsstruktur zunehmend durch Kooperationen geprägt (Becker, 2007; Wallentowitz, Freialdenhoven, & Olschewski, 2009).

Durch das Eingehen von Strategischen Allianzen oder Joint Ventures versuchen die Automobilhersteller Größenvorteile zu realisieren sowie Wettbewerbsfähigkeit und Rentabilität zu steigern (Wallentowitz, Freialdenhoven, & Olschewski, 2009; Becker, 2010). Zudem versuchen Automobilhersteller aus den Wachstumsregionen der Schwellenländern, durch Kooperationen mit westlichen OEMs, ihre Wettbewerbsfähigkeit in der internationalen Automobilindustrie zu verbessern. Um ihren Aufstieg zu ernstzunehmenden Wettbewerbern zu beschleunigen, übernahmen chinesische und indische Hersteller in der Vergangenheit zudem insolvente und unprofitable westliche Automobilunternehmen (bspw. Tata Motors: Jaguar & Land Rover; SAIC: Rover; Geely: Volvo) (Becker, 2010, S. 22). Die Kooperationen zwischen den Automobilherstellern erstrecken sich dabei über sämtliche strategische Geschäftsfelder der automobilen Wertschöpfungskette. Von gemeinsamen Komponenten- und Motorenentwicklungen bis hin zur Produktion von kompletten Fahrzeugen (Becker, 2007, S. 129; Wallentowitz, Freialdenhoven, & Olschewski, 2009, S. 48).

Strategische Allianzen sind ein wichtiges Instrument zur Steigerung der Wettbewerbsfähigkeit in der internationalen Automobilindustrie (Culpan, 2002). Neben der detaillierten Betrachtung von Formen und Phasen einer Strategischen Allianz, behandelt das vorliegende Buch zudem die Renault-Nissan Allianz. Die internationale Partnerschaft zwischen den Automobilherstellern Renault und Nissan kann als Beispiel für die hohe Bedeutung von Strategischen Allianzen in der Automobilindustrie genannt werden. Der französische Automobilhersteller Renault entschloss sich für eine Kooperation mit seinem japanischen Wettbewerber Nissan, um Skaleneffekte in der Produktion zu erzielen und dadurch Kostenvorteile zu erlangen. Für Nissan war das Hauptmotiv für die Strategische Allianz der Mangel an finanziellen Mitteln. Zudem profitierten beide Partner von den lokalen Marktkenntnissen ihres Partners, bei der Erschließung neuer Auslandsmärkte. Die Renault-Nissan Allianz macht deutlich, dass eine Kooperation einen schnellen und gezielten Zugriff auf benötigten Ressourcen, die die jeweilige Unternehmenssituation erfordert, ermöglicht (Culpan, 2002; Leslie, 2008).

---

[7] Skalen- oder Größenvorteile. Durch die Ausweitung der Produktionsmenge ergeben sich verminderte Durchschnittskosten. Wichtigste Ursache ist die sog. Fixkostendegression. Bei höherer Kapazitätsauslastung werden die Fixkosten auf eine größere Produktionsmenge aufgeteilt

1.2 Vorgehensweise und Zielsetzung

Die vorliegende Studie behandelt die Kooperationsform der Strategischen Allianz. Das Hauptziel der Untersuchung ist ein umfassenderes Bild über die Eigenschaften und Besonderheiten von Strategischen Allianzen in der internationalen Automobilindustrie zu bieten. Das Buch zielt dabei auf die Beantwortung der folgenden Kernfragen ab:

I. Wie ist eine internationale Strategische Allianz definiert und welche besonderen Eigenschaften und Merkmale beinhaltet diese Kooperationsform?

II. Welche Herausforderungen und kritischen Erfolgsfaktoren sind bei einer internationalen Strategischen Allianz zu beachten?

III. Welche konkreten Merkmale von Strategischen Allianzen in der internationalen Automobilindustrie sind zu beobachten?

Nach einer Einleitung zum Trend von Strategischen Allianzen in der internationalen Automobilindustrie und Zielsetzung, werden in Kapitel 2 die Grundlagen von Strategischen Allianzen dargestellt und verständnisrelevantes automobilwirtschaftliches Fachwissen vermittelt. Zunächst wird der Begriff der Strategischen Allianz definiert und von anderen Kooperationsformen abgegrenzt. Anschließend werden die relevanten Theoriekonzepte von Strategischen Allianzen aus der Kooperationsliteratur vorgestellt und erläutert. Darüber hinaus werden die wichtigsten Motive und Ziele sowie die Risiken von Strategischen Allianzen beschrieben. Im zweiten Teil des Grundlagenkapitels werden die Besonderheiten, Herausforderungen und Erfolgsfaktoren in der internationalen Automobilindustrie dargestellt. Zudem wird die Struktur und Situation der Automobilindustrie und -hersteller beschrieben und erläutert. Zum Abschluss des Grundlagenkapitels werden die Formen von Strategischen Allianzen in der internationalen Automobilindustrie und die Verflechtungen zwischen den Herstellern skizziert.

In Kapitel 3 werden die wichtigen Managementaufgaben in den einzelnen Phasen des Allianz-Prozess beschrieben und die damit verbundenen spezifischen Herausforderungen erläutert. Die Grundlage hierbei bildet ein "Fünf-Phasen-Modell" bestehend aus den Phasen: (1) Ausrichtung der Allianz-Strategie, (2) Partnerauswahl, (3) Verhandlung und Strukturierung, (4) Steuerung und Kontrolle, (5) Bewertung und Anpassung. Das Phasenkonzept ist ein Managementinstrument zur Strukturierung von kritischen Faktoren und wichtigen Entscheidungen zur Gestaltung und Entwicklung von Strategischen Allianzen. Im Vordergrund der Untersuchung stehen die Phasen (2), (3) und (4). Abschließend werden die Merkmale und Herausforderungen von Strategischen Allianzen zwischen Automobilherstellen in der internationalen Automobilindustrie beschrieben.

Im vierten Kapitel wird die Strategische Allianz zwischen den Automobilherstellern Renault und Nissan untersucht. Das Kapitel beginnt mit der Vorstellung der beteiligten Unternehmen und präsentiert das globale Netzwerk des Bündnisses. Es werden die Motive und Ziele der Kooperationspartner skizziert und erläutert. Zudem wird die Strategische Allianz auf Ebene von Ressourcen, Strategie, Struktur, Management und Zusammenarbeit vorgestellt und untersucht. Die Präsentation der Entwicklung und Leistungen der Renault-Nissan Allianz schließt das Kapitel ab.

Im letzten Kapitel des Buchs werden abschließend die wichtigsten Erkenntnisse und Ergebnisse zusammengefasst und ein Überblick über die Entwicklungen in der jüngsten Vergangenheit gegeben.

2 Grundlagen

2.1 Strategische Allianzen

Um ein umfassenderes Verständnis von der Kooperationsform der Strategischen Allianz zu erhalten, wird in diesem Kapitel die Strategische Allianz definiert *(2.1.1)* und von anderen zwischenbetrieblichen Kooperationsformen abgegrenzt *(2.1.2)*. Gefolgt von der Beschreibung der verschiedenen theoretischen Ansätze *(2.1.3)* zur Konzeption und Erklärung von Strategischen Allianzen. Abschließend werden die Vorteile *(2.1.4)* und Risiken *(2.1.5)* von Strategischen Allianzen dargestellt.

2.1.1 Begriffsdefinition

In den letzten Jahrzehnten wurde eine Vielzahl von Publikationen zum Thema *"Strategische Allianzen"* veröffentlicht und verbreitet. Dabei konnte sich bislang weder in der Literatur, noch in der Wirtschaftspraxis eine einheitliche Definition des Begriffs *"Strategische Allianz"* durchsetzen. Eine große Anzahl von Begriffen wie *"Koalition"*, *"Joint Venture"*, *"Strategische Partnerschaft"* oder *"Kooperation"* wird häufig als Synonym für eine Strategische Allianz verwendet. Die uneinheitliche Verwendung und große Anzahl der Begriffe in diesem Themengebiet erschwert die wissenschaftliche Untersuchung von relevanten Inhalten (Hammes, 1994). Vor diesem Hintergrund ist es notwendig, den Begriff der *"Strategischen Allianz"* als Untersuchungsgegenstand der vorliegenden Studie klar zu definieren und von anderen Formen der Zusammenarbeit abzugrenzen.

„One of the essential features of a true strategic alliance is that it is intended to move each of the partners towards the achievement of some long term strategic goal. This strategic objective is the one distinguishing feature that separates strategic alliances from other forms of interfirm cooperation." (Webster, 1992, S. 8).

Im weiteren Sinne können Strategische Allianzen somit als Koalitionen von zwei oder mehreren Organisationen zur Realisierung von strategisch wichtigen Zielen, die für alle Seiten von Vorteil sind, definiert werden. Innerhalb dieses formellen Bündnisses werden bestimmte Unternehmensaktivitäten koordiniert. Dabei können Allianzen in Bezug auf die gesamte Wertschöpfungskette oder auf einzelne Wertschöpfungsaktivitäten vereinbart werden, wobei internationale Allianzen oder Bündnisse grenzüberschreitende Partnerschaften von Organisationen/Unternehmen aus verschiedenen Ländern sind (Porter & Fuller, 1989, S. 364).

Als grundsätzliche Vorteile sind Skalenvorteile, Zugang zu bestimmten Märkten, Ressourcen oder Kenntnissen, Teilung des unternehmerischen Risikos und eine Beeinflussung der Wettbewerbssituation zu nennen. Als Nachteile werden Koordinationskosten, die Gefahr der Einschränkung der eigenen Wettbewerbsposition und die Entstehung einer ungünstigen Verhandlungsposition genannt (Porter & Fuller, 1989, S. 365)

Mit dem Eingehen einer Partnerschaft streben die Unternehmen nach gemeinsamen Wettbewerbsvorteilen. Diese Wettbewerbsvorteile basieren darauf, individuelle strategische Stärken zu ergänzen bzw. Schwächen zu kompensieren und damit schnelleren und sicheren Zugang zu neuen Märkten und Technologien zu realisieren (Kotabe & Helsen, 2008, S. 305).

Im engeren Sinne ist in der Literatur eine Vielzahl von Definitionen vorhanden. Das *Bundeskartellamt* definierte für eine Sitzung des Arbeitskreises Kartellrecht im Jahr 1991 die Strategische Allianz als:

„Kooperation zwischen zwei oder mehreren multinationalen Unternehmen in demselben Wirtschaftszweig oder in Technologiefeldern mit dem Ziel, ihre Wettbewerbsposition zu stärken oder abzusichern." (Backhaus & Piltz, 1990, S. 2).

Ähnlich liegt nach Bronder und Pritzl (1992) eine Strategische Allianz dann vor,

„wenn Wertschöpfungsaktivitäten zwischen mindestens zwei Unternehmen unter Verfolgung kompatibler Ziele zu einer Art Kompetenzgeflecht verknüpft werden, das zur Erhaltung und/oder Erzielung bedeutender Wettbewerbsvorteile dient." (Bronder & Pritzl, 1992, S. 17).

Für das vorliegende Buch wird die detaillierte Definition nach Backhaus und Piltz (1990) verwendet:

„Eine strategische Allianz bezeichnet eine horizontale Kooperation zwischen zwei oder mehreren Unternehmen zum Erreichen gemeinsamer strategischer Ziele. Dabei bleibt die rechtliche Selbstständigkeit der beteiligten Unternehmen unberührt. Die kooperierenden Unternehmen gehören der gleichen Branche an. Es handelt sich somit bei den kooperierenden Unternehmen um direkte oder zumindest indirekte Wettbewerber." (Backhaus & Piltz, 1990, S. 2).

Diese Definition grenzt die Strategische Allianz als horizontale Kooperation[8] von einer vertikalen[9] und diagonalen bzw. konglomeraten Zusammenarbeit[10] ab.

Zudem ist die unberührte rechtliche Selbstständigkeit das Kriterium zur Abgrenzung von Fusionen und Akquisitionen. Bei der Bildung einer Strategischen Allianz geben die Partnerunternehmen aber in der Regel teilweise ihre wirtschaftliche Selbstständigkeit in den Allianz-Bereichen zugunsten kollektiver Entscheidungen auf (Todeva & Knoke, 2005).

Die genannten Wettbewerbsbeziehungen der Allianzpartner können direkt oder indirekt sein. Eine direkte Wettbewerbsbeziehung liegt vor, wenn die Wettbewerber, die miteinander ko-

---

[8] Eine horizontale Kooperation bezeichnet die Zusammenarbeit von Unternehmen der selben Wertschöpfungsstufe in gleichen oder verwandten Wirtschaftszweigen
[9] Eine vertikale Kooperation bezeichnet die Zusammenarbeit von Unternehmen in aufeinander folgenden Wertschöpfungsstufen
[10] Eine diagonale bzw. konglomerate Kooperation bezeichnet die Zusammenarbeit zwischen Unternehmen verschiedener Branchen

operieren, der gleichen strategischen Gruppe[11] zuzuordnen sind. Im Gegensatz dazu gehören indirekte Wettbewerber unterschiedlichen strategischen Gruppen an (Hammes, 1994, S. 21f).

Unabhängig von Zielsetzungen und Strategien einer Kooperation, können folgende Merkmale für sämtliche Strategische Allianzen zusammengefasst werden (Backhaus & Piltz, 1990; Bronder & Pritzl, 1992; Lorange & Roos, 1992; Porter & Fuller, 1989; Todeva & Knoke, 2005; Yoshino & Rangan, 1995; Kraege, 1997):

- *Es besteht ein Vertrag/Vereinbarung/Abkommen zwischen mindestens zwei rechtlich selbstständig bleibenden Unternehmen*
- *Die Allianz erfolgt zur Erhaltung bzw. Erzielung von Wettbewerbsvorteilen*
- *Eine Zusammenarbeit erfolgt in definierten strategischen Geschäftsfeldern und ist mittel- bis langfristig ausgerichtet*
- *Es bestehen gegenseitige Interdependenzen und Abhängigkeitsverhältnisse zwischen den Allianzpartnern, wobei der Anteil des Kooperationsgeschäfts am Gesamtgeschäft des Unternehmens den Autonomiegrad der Partner bestimmt*

2.1.2 Begriffsabgrenzung

Strategische Allianzen sind eine besondere Art der Unternehmenskontrolle. Obwohl viele Herausforderungen und Führungsaufgaben ähnlich zu denen von anderen Formen der Unternehmenskontrolle sind, müssen bei Allianzen unverwechselbare Merkmale berücksichtigt werden.

Kooperationsformen zwischen Markt und Hierarchie

Die Kooperationsformen und Geschäftsbeziehungen lassen sich zwischen Markt und Hierarchie einordnen. Der Markt ist eine Organisationsform, indem beliebige Teilnehmer Transaktionen durchführen. Die Verpflichtungen für Verkäufer und Käufer enden mit der Transaktion. Der Preis einer Leistung dient hierbei als zentraler Koordinationsmechanismus (Child, Faulkner, & Tallman, 2005, S. 108). Im Gegensatz zum Markt ist die Kontrolle das zentrale Koordinationsinstrument der Hierarchie. Das Unternehmen ist gegenüber einer begrenzten Anzahl von Organisationsmitgliedern weisungsbefugt. Hierarchische Beziehungen sind in der Regel langfristig angelegt (Sydow, 1992, S. 98). Das Spektrum von Geschäftsbeziehungen zwischen Unternehmen (s. Abb. 2) reicht von einer kurzfristigen einfachen Transaktion (bspw. zwischen Hersteller und Zulieferer) bis zu einem vollwertigen Erwerb, bei dem ein Unternehmen das gesamte Eigentum an einem anderem übernimmt.

---

[11] Der Begriff bezeichnet eine Gruppe von Unternehmen innerhalb einer Branche, die eine ähnliche Wettbewerbsstrategie verfolgen

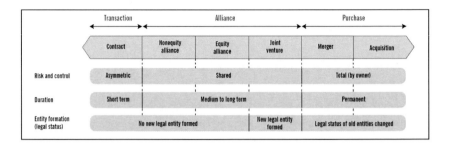

Abbildung 2 Geschäftsbeziehungen zwischen Markt und Hierarchie
Quelle: (Boston Consulting Group, 2005, S. 8)

Eine einzelne transaktionale Beziehung ermöglicht es einem Unternehmen, die Aktionen eines anderen Unternehmens in einem gewissen Grad zu beeinflussen und zu leiten. Es ist aber eine relativ schwache Form der Kontrolle, die auf die vertraglich festgelegten Bedingungen, in der Regel in Umfang und Dauer, begrenzt ist. Gleichzeitig ist das Risiko der Transaktion ungleich verteilt, je nachdem welche Partei die überwiegende Marktmacht besitzt. Im Gegensatz dazu nutzt bei einer Akquisition der Erwerber Ressourcen, um die vollständige Kontrolle über das Eigentum an den Mitteln und Fähigkeiten des erworbenen Unternehmens zu gewinnen. Hierbei übernimmt der Erwerber die volle Verantwortung für alle Risiken, die durch diese Vermögenswerte entstehen.

Strategische Allianzen fallen in die Mitte dieses Spektrums. Sie werden als hybride Organisationsform zwischen Markt und Hierarchie bezeichnet (Todeva & Knoke, 2005, S. 3). Es sind zwischenbetriebliche Kooperationen, in denen zwei oder mehrere rechtlich selbstständige Unternehmen gemeinsam in längerfristige Aktivitäten investieren. Dabei werden Risiken und Renditechancen unter den Allianzpartner gleichmäßig verteilt. Als hybride Organisationsform enthalten Strategische Allianzen sowohl Merkmale des Markt als auch hierarchische Elemente. Dabei ist die rechtliche Selbstständigkeit ein Merkmal des Marktes und die gegenseitige Abhängigkeit, Beeinflussung und Kontrolle sind Elemente der Hierarchie (Backhaus & Piltz, 1990; Bronder & Pritzl, 1992; Todeva & Knoke, 2005).

Typologie von Strategischen Allianzen

Zur Bildung einer Strategischen Allianz stehen Unternehmen eine Vielzahl von Optionen zur Verfügung. Die vertragliche Vereinbarung einer Allianz in bestimmten strategischen Bereichen oder die Gründung eines Joint Ventures durch eine Kapitalvereinbarung sind mögliche Optionen (Kale & Singh, 2009). Strategische Allianzen lassen sich den Bereichen der vertraglichen Vereinbarungen *("Contractual"*- bzw. *"Non-Equity"*-Allianzen) und den Kapitalvereinbarungen (*"Equity"*-Allianzen) zuordnen. Im Bereich der vertraglichen Vereinbarungen sind Allianzen in der Form von nicht traditionellen Abkommen/Verträgen zu finden. Die vertraglichen Vereinbarungen können zudem in bilaterale oder unilaterale Vertragsallianzen klassifiziert werden (Das & Teng, 2000). Bei Allianzen mit unilateralen Vereinbarungen ist der Transfer von Eigentumsrechten definiert. Ein Beispiel hierfür ist der Austausch von *"Technologie gegen finanzielle Mittel"* in F&E[12]-Verträgen. Weitere Formen sind bspw., die Nutzung von Vertriebs- und Distributionsnetzen, die Nutzung von Technologien oder die Nutzung von Produktionsanlagen gegen finanzielle Mittel. Dagegen bringen die Allianzpartner bei bilateralen Abkommen fortlaufend Ressourcen ein, um gemeinsam Werte zu schaffen. Gemeinsame F&E, gemeinsame Produktentwicklung, gemeinsame Produktion und verstärkte und längerfristige Zulieferpartnerschaften sind die häufigsten Formen (Mowery, Oxley, & Silvermann, 1996; Varadarajan & Cunningham, 1995).

Bei den Kapitalvereinbarungen stehen die Optionen Minderheits- oder Überkreuzbeteiligung und die Gründung eines gemeinsamen Joint Ventures zur Verfolgung strategischer Aktivitäten zur Verfügung. Hierbei kann die Beteiligung entweder ausgeglichen sein oder ein Allianzpartner erhält eine Mehrheitsbeteiligung am Joint Venture (Yoshino & Rangan, 1995).

Zur besseren Übersicht und Einordnung von Strategischen Allianzen in die Formen von zwischenbetrieblichen Verbindungen und Vereinbarungen soll folgende Übersicht beitragen:

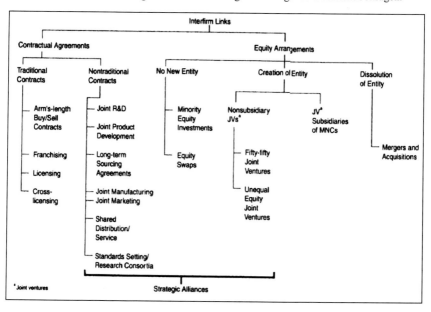

Abbildung 3 Zwischenbetriebliche Kooperationsformen
Quelle: (Yoshino & Rangan, 1995, S. 8; Kale & Singh, 2009, S. 47)

---

[12] F&E steht für die Geschäftsbereiche Forschung und Entwicklung

2.1.3 Theoretischer Bezugsrahmen

Die beiden grundlegenden Philosophien zur Theorie von Unternehmensverhalten sind entweder, dass Unternehmen versuchen sich an ihre Umgebung anzupassen oder versuchen ihre Umwelt zu beeinflussen (Varadarajan, Clark, & Pride, 1992). In der Realität werden von Unternehmen ständig Strategien entwickelt und umgesetzt, wobei selten einem Ansatz allein gefolgt wird. Diese beiden Philosophien können als ein Ausgangspunkt zur Untersuchung der Vielzahl von Theorien über das Verhalten von Unternehmen angesehen werden.

Die gestiegene Bedeutung von Strategischen Allianzen und die Komplexität führen zu verschiedenen theoretischen Ansätzen, die unterschiedliche Erklärungsansätze für die Bildung von Allianzen ermitteln (Dussauge & Garrette, 1999). Im Allgemeinen existieren in der Literatur fünf verschiedene Ansätze zur Konzeption und Erklärung von Strategischen Allianzen:

- *Industrieorientierter Ansatz* (bspw. Porter, 1980; 1990)
- *Transaktionskostentheorie* (bspw. Williamson, 1985; 1991; Hennart, 1988)
- *Ressourcenorientierter Ansatz* (bspw. Barney, 1991; Das & Teng, 2000)
- *Wissensorientierter Ansatz* (bspw. Grant & Baden-Fuller, 2004; Kogut, 1988)
- *Strategisches Verhalten* (bspw. Hagedoorn, 1993; Kogut, 1988)
- *Spieltheorie* (bspw. Gulati, Khanna, & Nohria, 1994; Park & Zhou, 2005; Parkhe, 1993)

Bei der Überprüfung der Kooperationsliteratur für die vorliegende Studie konnte eine häufige Verwendung und große Verbreitung des industrieorientierten und ressourcenorientierten Ansatz und der Transaktionskostentheorie festgestellt werden. Der Fokus im vorliegenden Buch wird auf den industrieorientierten Ansatz, die Transaktionskostentheorie und den ressourcenorientierten Ansatz gelegt, die im Folgenden betrachtet werden.

Der industrieorientierte Ansatz

Der erste Ansatz aus der Industrieorganisationstheorie wurde in den 1980er Jahren vor allem durch Michael E. Porter (1980) bekannt und verbreitet. Nach diesem Konzept sind die Erträge eines Unternehmens durch die Struktur einer Industrie bestimmt, die wiederum durch mehrere Kräfte wie die Existenz und die Höhe der Eintrittsbarrieren, die Anzahl und Größe der Wettbewerber in der Branche, die Existenz und dem Grad der Produktdifferenzierung und die gesamte Elastizität der Nachfrage in der Industrie geprägt sind (Barney, 1986, S. 792). Durch ein etwas abweichendes Benennungsschema der strukturellen Attribute einer Branche und das Hinzufügen der Verhandlungsstärke von Lieferanten, entwickelte Porter (1980, 2004, 2008) das Modell der fünf Kräfte (s. Abb. 4), das den Wettbewerb in einer Branche gestaltet.

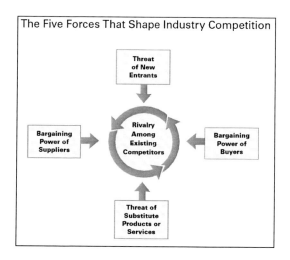

Abbildung 4 Die Fünf Wettbewerbskräfte nach Porter
Quelle: (Porter, 2004, S. 4)

Nach diesem Modell sind Industrien, die hohe Eintrittsbarrieren haben (d.h. die Bedrohung durch neue Wettbewerber ist gering), eine kleine Anzahl von konkurrierenden Unternehmen beinhalten, ein hohes Maß an Produktdifferenzierung (d.h. geringe Verfügbarkeit von Substitutionsprodukten) oder niedrige Nachfrageelastizität (d.h. geringe Nachfragemacht der Kunden) demonstrieren, durch höhere Renditen und weniger Wettbewerb geprägt. Im Gegensatz dazu neigen Branchen mit niedrigen Eintrittsbarrieren, einer hohen Anzahl von konkurrierenden Unternehmen, geringen Differenzierungspotenzialen und einer hohen Elastizität der Nachfrage zu einem harten Wettbewerbsumfeld (Barney, 1986, S. 792; Porter, 1980; 2004; 2008). Als Ergebnis bestimmen diese Kräfte das Verhalten (d.h. die Strategie) und die Leistung von Unternehmen, was zu einem Struktur-, Verhaltens- und Leistungs-Paradigma führt. Die Strategie oder das Verhalten eines Unternehmens definiert den Einsatz der Ressourcen, um die gesetzten Ziele oder die Maximierung der wirtschaftlichen Unternehmensleistung zu erreichen (Porter, 1980). Die industrielle Organisationstheorie drängt Unternehmen, sich auf die Schaffung und/oder Modifizierung der strukturellen Besonderheiten ihrer Branche zu konzentrieren, um ihre Erträge zu steigern und sich vor dem Markteinstieg von Wettbewerbern zu schützen. Daher sollten die Unternehmen versuchen, hohe Eintrittsbarrieren zu schaffen, die Zahl der Unternehmen in ihrer Branche zu reduzieren, die Produktdifferenzierung zu erhöhen oder die Nachfrageelastizität zu verringern. Unternehmen, die erfolgreich eine oder mehrere dieser Aufgaben erfüllen, sind vor Renditeeinbußen durch den Einstieg von weiteren Wettbewerbern geschützt und können über einen langen Zeitraum eine überlegene finanzielle Leistung genießen (Barney, 1986, S. 793).

Internationale und interkulturelle Projekte erfolgreich umsetzen

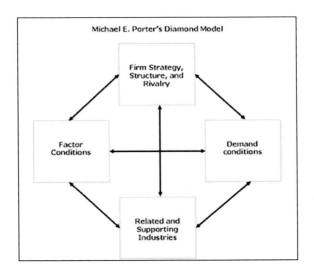

Abbildung 5 Das Diamant-Modell nach Porter
Quelle: (Porter, 1990, S. 77)

In seinem Werk *"The competitive advantage of nations"* erweitert Porter (1990) sein fünf Kräfte-Modell durch die Einführung eines Diamant-Modells (s. Abb. 5) mit vier Bestimmungsfaktoren für nationale Wettbewerbsvorteile. Nach diesem Ansatz sind Faktor-Bedingungen (bspw. Arbeit, Ressourcen, Infrastruktur etc.), Nachfragebedingungen (d.h. mächtige und anspruchsvolle Käufer, die Innovation erzwingen und weltweite Maßstäbe setzen), Beziehungs-und Zulieferindustrien (bspw. F&E Institute, international wettbewerbsfähige Zulieferunternehmen etc.) und Unternehmensstrategie, Struktur und Rivalität (d.h. Bedingungen, die beeinflussen, wie die Organisationen in einem Land gegründet, strukturiert und verwaltet werden) die wichtigsten Attribute, die das Wettbewerbsumfeld beeinflussen, in dem Unternehmen tätig sind. Obwohl eine Nation diese wichtigen Faktoren nicht unbedingt übernimmt, so wird argumentiert, dass Nationen jeden dieser Faktoren zu erstellen, zu verbessern und kontinuierlich zu aktualisieren haben, damit ihre Unternehmen Wettbewerbsvorteile erzielen und erhalten können. Porter stellt ebenfalls fest, dass der Diamant ein System darstellt, in dem jeder Faktor selbst verstärkend ist. Ein gutes Beispiel für die Systematik des Diamant-Modells liefert die wichtige inländische Konkurrenz. Wettbewerb fördert nicht nur die Entwicklung von einzigartigen spezialisierten Faktoren, wie hoch qualifizierte Arbeitskräfte, sondern auch die Bildung von leistungsfähigen Lieferanten, was wiederum zu anspruchsvolleren Produkten und mehr Kunden auf der Nachfrageseite führt (Porter, 1990, S. 77ff).

Internationale Strategische Allianzen in der Automobilindustrie

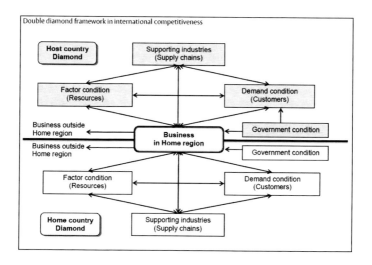

Abbildung 6 Das Doppel-Diamant-Modell
Quelle: (Rugman & D'Cruz, 1993, S. 6)

Obwohl das Diamant-Modell weit verbreitet und anerkannt ist, kritisieren verschiedene Wissenschaftler (bspw. Cartwright, 1993; Dunning, 1993; Grant, 1991) den engen Rahmen. Eine der großen Schwächen, vor allem in Zeiten der Globalisierung, ist die Heimatland-Perspektive des Modells. Hierbei vernachlässigt das Modell multinationale Aktivitäten, die vor allem den Erfolg von kleinen Volkswirtschaften verdeutlichen. Stattdessen sieht Porter globale Unternehmen nur in der Funktion eines Exporteurs agieren und unterschätzt dabei die organisatorische Komplexität von multinationalen Unternehmen. Um dieses Manko zu beheben führten Rugman und D'Cruz (1993) und später Moon, Rugman und Verbeke (1995) den Doppel Diamant (s. Abb. 6) ein, in dem eine äußere Ebene dem Modell hinzugefügt wurde, die die globale Wettbewerbsfähigkeit in der Form von multinationalen Aktivitäten darstellt (Moon, Rugman, & Verbeke, 1998; Sardy & Fetscherin, 2009).

Ein weiterer Mangel des Modells ist die nachrangige Behandlung der exogenen Variable "Regierung". Obwohl Porter die Rolle der Regierungen erkennt, argumentiert er, dass die Rolle eher eine niedere ist, da sie keinen Wettbewerbsvorteil für eine Nation erzeugen können (Porter, 1980). In diesem Punkt sind einige Wissenschaftler anderer Meinung und verweisen oft auf die wichtige Rolle, die Regierungen in aufstrebenden Volkswirtschaften der Schwellenländer spielen (Peng, Wang, & Yi, 2008; Peng, Sunny Li, Pinkham, & Hao, 2009).

Vertreter der Industrieökonomie haben neuen Organisationsformen, wie strategischen Allianzen, nur wenig Bedeutung beigemessen. Das Hauptargument für strategische Allianzen aus Perspektive der Industrieökonomie liegt in der Schaffung von Marktmacht und Skaleneffekten, wodurch höhere Renditen erzielt werden können (Faulkner & de Rond, 2000). Strategische Allianzen sind bei Standardisierungsprozessen ein wichtiges Instrument. Im Mittelpunkt steht auch hier das Argument der Positionierung in der Branche (Swoboda, 2003). Ketchen et al. sehen den Ansatz der strategischen Gruppenbildung als Erklärungsansatz für strategische Allianzen aus der Industrieökonomie heraus. Sie belegen, dass Strategische Allianzen stabiler sind, wenn die kooperierenden Unternehmen nicht derselben strategischen Gruppe angehören, also heterogene Unternehmensstrategien verfolgen (Ketchen, Snow, & Hoover, 2004).

Die Transaktionskostentheorie

Einen bedeutenden theoretischen Ansatz zur Erklärung von Strategischen Allianzen bietet die neue Institutionsökonomie, die auf den Beitrag *"The Nature of the Firm"* von 1937 zurückgeht (Coase, 1937). Die Gründe für die Existenz von Unternehmen sind hierbei Ausgangspunkt der Fragestellung. Die Existenz von Unternehmen wird mit Kostenvorteilen bei der Durchführung von Transaktionen gegenüber Märkten begründet, die Unternehmen als hierarchische Organisationen realisieren. Beide Formen, Markt und Hierarchie, repräsentieren dabei alternative Strukturen von Organisation, wobei diese beiden unterschiedlichen institutionellen Arrangements mit dem Begriff *Governancestruktur* bezeichnet werden (Williamson, 1999). Als dritter Organisationstyp ergänzen kooperative bzw. hybride Governancestrukturen den Ansatz. Vertreter der neuen Institutionsökonomie haben sich bereits frühzeitig mit dem Phänomen von Strategischen Allianzen als hybride Governancestruktur beschäftigt (Dussauge & Garrette, 1999). Hybride Governancestrukturen beschreiben dabei Organisationen, die sowohl Markt- als auch Hierarchieelemente umfassen, unter anderem Strategische Allianzen (Williamson, 2002; Menard, 2004).

Die neue Institutionsökonomie umfasst im Wesentlichen drei unterschiedliche Richtungen (Swoboda, 2003): Die Prinzipal-Agenten-Theorie, die Theorie der Verfügungsrechte und die Transaktionskostentheorie. Wobei die Transaktionskostentheorie gegenüber den anderen Theorierichtungen hervorgehoben wird und eine dominante Position im Rahmen der neuen Institutionsökonomie einnimmt (Williamson, 1985).

Die zentrale Fragestellung der Transaktionskostentheorie ist die möglichst effiziente Gestaltung und Organisation von Transaktionen. Transaktionen sind der Prozess des Leistungstausches, in dessen Rahmen eine Übertragung von Verfügungsrechten erfolgt und stellen hierbei die zentrale Analyseeinheit der Untersuchung dar. Dabei werden die Rahmenbedingungen (bspw. kulturelle Normen und Werte, Rechtssysteme) und andere externe Faktoren als konstant angenommen und nur die impliziten Kosten der betrachteten Transaktion als maßgeblich angesehen. Bei der Durchführung von Transaktionen fallen Kosten an, die in Märkten als Transaktionskosten und innerhalb von Hierarchien als Hierachiekosten bezeichnet werden (Williamson, 1985; 1999). Bei steigender Spezifität, Häufigkeit und Unsicherheit werden hierarchische Governancestrukturen als vorteilhaft angenommen (Swoboda, 2003).

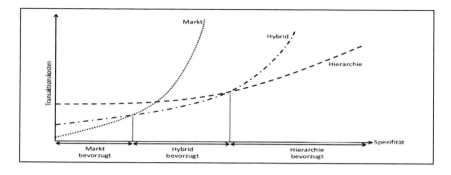

Abbildung 7 Hybride Governancestrukturen zwischen Markt und Hierarchie
Quelle: (Picot, Reichwald, & Wigand, 2003, S. 54)

Wie bereits erwähnt, ist der dominierende Erklärungsansatz für Strategische Allianzen innerhalb der neuen Institutionsökonomie die Transaktionskostentheorie. Diese erklärt die Vorteile Strategischer Allianzen gegenüber Märkten und Hierarchien in Bezug auf die Transaktionskosten bei einer bestimmten Spezifität der Transaktion, wie Abbildung 7 verdeutlicht.

Eine erweiterte und ergänzte Abbildung (s. Abb. 8) zeigt eine Unterscheidung zwischen Vertragsallianzen und Joint Ventures. Es lässt sich ablesen, dass bei geringerer Komplexität Vertragsallianzen gegenüber Joint Ventures geringere Transaktionskosten aufweisen.

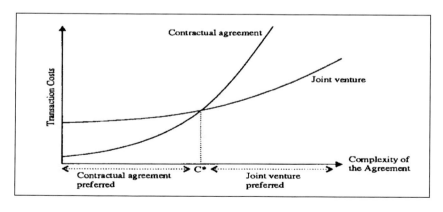

Abbildung 8 Transaktionskosten bei Vertragsallianzen und Joint Ventures
Quelle: (Garcia-Canal, 1996, S. 778)

Wird eine Allianz immer komplexer, fällt die Entscheidung zugunsten eines Joint Ventures, da die genauere Definition von Eigentumsrechten die Senkung von Transaktionskosten ermöglicht. Wenn keine Faktoren zusammenkommen, um die Komplexität einer Allianz zu erhöhen, bleibt eine Strategische Allianz eine mögliche Option (Garcia-Canal, 1996, S. 777).

Ist die Komplexität der Allianz niedrig, bleibt bis zu einem gewissen Grad eine vertragliche Vereinbarung, die organisatorische Option, die Transaktionskosten zu minimieren. Wenn vorherige Verhandlungen eine angemessene Zuordnung von Eigentumsrechten im Nachhinein erlauben, sind deshalb niedrigere Transaktionskosten als jene aus der Verwaltung eines Joint Ventures zu erwarten (Garcia-Canal, 1996, S. 778).

Doch sobald die Komplexitätsschwelle überschritten wird, sind hohe Transaktionskosten im Nachhinein notwendig, um Eventualitäten vorherzusehen, Lösungen zu finden und/oder die nachfolgenden Kosten, die aus einer unzureichenden Anpassung oder Nachverhandlungen zwischen den Partnern entstehen. Diese Kosten erweisen sich als höher als die von einem Joint Venture, weshalb Joint Ventures die effizienteste organisatorische Option nach überschreiten der Komplexitätsschwelle sind (Garcia-Canal, 1996, S. 778).

Die Transaktionskostentheorie liefert einen wichtigen Erklärungsansatz in Bezug auf Strategische Allianzen. Es werden die Vorteile von Strategischen Allianzen als Governancestrukturen verdeutlicht. Dennoch ist eine reine Fokussierung auf diesen Ansatz problematisch, da wichtige weitere Faktoren nicht berücksichtigt werden. Zudem weist die Transaktionskostentheorie eine implizit statische Betrachtungsweise auf. Die Entwicklungen nach der Entscheidung über die Governancestruktur bleiben unberücksichtigt. Daher ergibt sich die Notwendigkeit, den Ansatz der Transaktionskostentheorie durch andere theoretische Ansätze zur Erklärung Strategischer Allianzen zu komplettieren (Williamson, 1999; Khanna, 1998)

Der ressourcenorientierte Ansatz

Im Gegensatz zur Industrie Organisationstheorie, konzentrieren sich Befürworter des jüngst viel beachteten Resource-based View (RBV) Ansatz auf die Ressourcen und einzigartigen Fähigkeiten der Unternehmen, als die bestimmenden Faktoren der verfolgten Strategien und Wettbewerbsfähigkeit (bspw. Barney, 1991, 1995; Barney, Wright, & Ketchen, 2001; Grant, 1991; Hamel & Prahalad, 2005; Prahalad & Hamel, 1990; Teece, Pisano, & Shuen, 1997). Es wird davon ausgegangen, dass der Wettbewerbserfolg bzw. die Erzielung dauerhafter Renten einzig auf der Grundlage unternehmensinterner Ressourcen basiert. Der RBV (s. Abb. 9) stellt folglich dem extern orientierten „Market-based View" der Industrieökonomik einen an internen Ressourcenorientierten Gegenpol entgegen. Während ähnliche und überlappende Ressourcen und Fähigkeiten den Wettbewerb zwischen Unternehmen intensivieren, kann Unternehmensheterogenität eine wichtige Quelle von Wettbewerbsvorteilen werden. Folglich können Unterschiede in den Fähigkeiten und Ressourcen Unternehmen ermöglichen Strategien zu verwenden, die die Branchenstruktur verändern und ihre Individualität und Einzigartigkeit ausnutzen. Unterschiede in den Fähigkeiten und Ressourcen von Unternehmen entwickeln sich bspw. durch unterschiedliches Niveau an technischem Know-how, vielfältige Fähigkeiten ihrer Humanressourcen, Unterschiede in Markenimage und Reputation sowie Patente und Warenzeichen (Barney, 1986). Hierbei ist zu beachten, dass nur ganz bestimmte interne Ressourcen, nämlich sogenannte strategische Ressourcen, Unternehmen in die Lage versetzen, anhaltende Wettbewerbsvorteile zu erzielen. Das Interesse des ressourcenbasierten Ansatzes gilt einzig den Unternehmensressourcen, die das Potenzial haben, Wettbewerbsvorteile zu generieren:

„*all assets, capabilities, organizational processes, firm attributes, information, knowledge, etc. controlled by a firm that enable the firm to conceive of and implement strategies that improve its efficiency and effectiveness*" (Barney, 1991, S. 101).

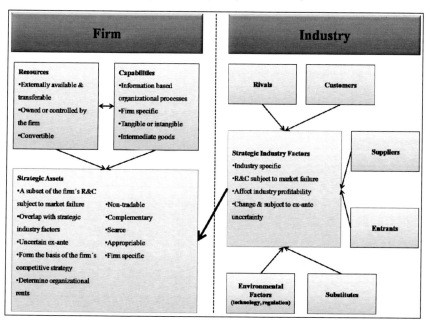

Abbildung 9 Der ressourcenorientierte Ansatz
Quelle: eigene Darstellung in Anlehnung an (Amit & Schoemaker, 1993, S. 37)

Derartige strategische Ressourcen - zumeist unternehmungsspezifische Bündel tangibler[13] und intangibler[14] Ressourcen (Barney, Wright, & Ketchen, 2001; Lu, Tsang, & Peng, 2008) - müssen ganz besonderen Anforderungen entsprechen: Sie müssen bekanntermaßen wertvoll

---

[13] materiell; leicht zu übertragen
[14] immaterielle; schwer zu übertragen

sein, also die Unternehmungseffizienz und/oder -effektivität erhöhen, knapp sein, da ansonsten kein Wettbewerbsvorteil auf der Grundlage dieser Ressourcen möglich ist, und zudem nicht substituierbar sein, d.h. es dürfen keine Ressourcen existieren, die eine vergleichbare Leistung erbringen können (Barney, 1991, S. 105; Grant R. M., 1991, S. 111).

In der Literatur plädieren Wissenschaftler für die Unterscheidung zwischen Ressourcen und Fähigkeiten (bspw. Grant, 1991; Prahalad & Hamel, 1990; Teece, Pisano, & Shuen, 1997). Aus ihrer Sicht bilden die Ressourcen die Grundlage für Unternehmensfähigkeiten, während letztere die Möglichkeiten des Unternehmens repräsentieren, diese Ressourcen auf die effizienteste und wirksamste Weise einzusetzen. In anderen Worten sind und werden die Ressourcen nur selten selbst produktiv, sondern Organisationen müssen sie mit Hilfe ihrer Fähigkeiten und Kompetenzen durch produktive Aktivitäten transformieren. Angesichts des sich schnell verändernden Geschäftsrahmenbedingungen in den vergangenen Jahrzehnten, wurde das Fähigkeiten-Konzept in jüngster Zeit um eine dynamische Komponente erweitert. Dynamische Fähigkeiten werden definiert, als die Fähigkeit des Unternehmens, seine internen und externen Kompetenzen auch weiterhin in Übereinstimmung mit den sich verändernden wirtschaftlichen Rahmenbedingungen anzupassen, zu integrieren und zu konfigurieren (Teece, Pisano, & Shuen, 1997). Die Fähigkeit des Unternehmens in einem dynamischen Umfeld zu lernen und sich anzupassen, ist eine der entscheidenden Fähigkeiten oder Kompetenzen, um Wettbewerbsvorteile zu erlangen und zu erhalten (Barney, Wright, & Ketchen, 2001).

Es lässt sich feststellen, dass die Erklärung strategischer Allianzen im ressourcenorientierten Ansatz nur eine untergeordnete Rolle eingenommen hat. Eine erste integrierte Betrachtung Strategischer Allianzen aus Sicht des ressourcenorientierten Ansatzes nehmen Das und Teng (2000) vor. Strategische Allianzen werden als Unternehmensstrategie verstanden (Das & Teng, 2000). Strategische Allianzen werden in diesem Zusammenhang mit der strategischen Notwendigkeit des Zugangs zu wertvollen Ressourcen erklärt. Ein Unternehmen kann seine Ressourcenkonfiguration durch komplementäre Ressourcen anderer Unternehmen durch eine Kooperation ergänzen (Child, Faulkner, & Tallman, 2005).

2.1.4 Motive und Ziele für Strategische Allianzen

Die zentrale Motivation einer Unternehmenskooperation liegt zumeist in dem Streben nach einer stärkeren Marktstellung, die alleine nur mit enormen Aufwand oder nicht realisierbar wäre. Durch den Zusammenschluss mit anderen Unternehmen werden Synergie[15]- und Skaleneffekte erwartet, die allerdings nicht immer in vollem Umfang erzielt werden. In Abhängigkeit der Aktivitäten versprechen sich die kooperierenden Unternehmen durch Strategische Allianzen dabei unterschiedliche Vorteile.

---

[15] Vorteil von Synergie-Effekten, den sich Unternehmungen im Rahmen von Gemeinkosten durch ein ausgewogenes Produktspektrum zunutze machen können. Diese treten ein, wenn die Kosten für die gemeinsame Betreuung zweier zusammengeführter Segmente niedriger ist als die von zwei voneinander isolierten.

Die Motive und Ziele beim Eingehen einer Strategischer Allianz sind unterschiedlich und vielfältig. Die Unternehmen verfolgen bei der Kooperation in der Regel mehrere Ziele und haben mehr als nur ein Motiv für den Entschluss. Bei der Suche nach geeigneten Kooperationspartnern versuchen die Unternehmen interne organisatorische Probleme zu lösen, wirtschaftliche Vorteile zu betrachten, ihre strategische Marktposition zu beeinflussen oder politische Angelegenheiten mit Regierungen und Wettbewerbern zu steuern (Todeva & Knoke, 2005). In der Literatur lässt sich eine Vielzahl an Motiven und Zielen zum Thema der Strategischen Allianzen finden. Im Folgenden werden die wichtigsten und häufigsten Motive dargestellt. Die folgende Abbildung liefert hierbei einen Überblick der Hauptmotive bei der Bildung von Strategischen Allianzen:

	Common goals	Private goals	Common or private goals
Reducing cost and archiving economies of scale	✓		
Gaining access to new markets			✓
Blocking competition	✓		
Gaining access to and developing new technologies			✓
Governmental requisite			✓
Development new abilities (learning)		✓	
Reducing risks	✓		

Abbildung 10 Motive und Ziele zur Bildung von Strategischen Allianzen
Quelle: (Arino, Garcia-Canal, & Valdes, 1999, S. 4)

Die Kernmotive (s. Abb. 11) zur Schließung von Strategischen Allianzen sind Kostenreduktionen, Marktzutritt und -ausdehnung, Vorteile beim Zugang zu Technologien und anderen Ressourcen, Zeitvorteile, Spekulationsvorteile und Risikoreduzierung (Arino, Garcia-Canal, & Valdes, 1999; Bronder & Pritzl, 1992; Elmuti & Kathawala, 2001; Lorange & Roos, 1992; Todeva & Knoke, 2005; Varadarajan & Cunningham, 1995).

Internationale und interkulturelle Projekte erfolgreich umsetzen

	Ressourcen	Zeit	Kosten	Markt	Spekulative Motive
Motive	Technologiezugang knappe Human-R. knappe Finanz-R.	kürzere Zyklen (F&E, Produktzyklen); schnellerer Informationstransfer	freie Kapazitäten; Lerneffekte Skalenvorteile	Globalisierung; verändertes Abnehmerverhalten; nationale Barrieren	(Peripherie) Drohende Übernahme „Fit"-Test vor Merger
Optionen	horizontal	vertikal		konzentrisch	konglomerat
	Vertrag		wechselseitige Beteiligung		Joint Venture
	Vertriebs-Allianzen	Fertigungs-Allianzen	F&E-Allianzen	Logistik-Allianzen	Multifunktions-Allianzen

Abbildung 11 Motive und Gestaltungsoptionen Strategischer Allianzen
Quelle: (Müller-Stewens & Hillig, 1992, S. 79)

Aus den genannten Kernmotiven lassen sich Ziele ableiten, die mit dem Eingehen einer Strategischen Allianz verfolgt und/oder ermöglicht werden. Diese Ziele können in verschiedene Ebenen kategorisiert werden. Die Ziele werden hierfür in organisatorische, wirtschaftliche, strategische und marktpolitische Zielsetzungen unterteilt und in der folgenden Übersicht zusammengefasst (Todeva & Knoke, 2005):

- *Organisatorische Ziele:*
    - *Verbesserung der Leistungsfähigkeit*
    - *Restrukturierung des Unternehmens*
    - *Ausbau vorhandener Kompetenzen*
    - *Erlangen neuer Fähigkeiten*
    - *Ausbau und Erweiterung von zwischenbetrieblichen Verbindungen zur Ausrichtung und Anpassung auf veränderte Umweltbedingungen*
    - *Komplementarität von Produkten und Dienstleistungen zu Marktanforderungen*

- *Wirtschaftliche Ziele:*
  - Skalen- und Verbundeffekte
  - Kostensenkungen
  - Bündelung von Ressourcen
  - Zugang zu neuen internationalen Märkten
  - Zugang zu finanziellen Mitteln
  - Risikoreduktion und –teilung

- *Strategische Ziele:*
  - Stärkung und Ausbau der Marktposition
  - Abrundung und Erweiterung des Produktportfolios
  - Diversifikation in neue Produkt und/oder Geschäftsbereiche
  - Steigerung der Reaktionsgeschwindigkeit auf Marktveränderungen oder Technologieinnovationen
  - Verkürzte Produktentwicklungszeiten und F&E-Zyklen
  - Verbesserter Zugang zu neuen Technologien
  - Verbesserter Zugang zu Human Ressourcen und Know-how
  - Erhöhung des Schutz vor feindlichen Übernahmen

- *Marktpolitische Ziele:*
  - Entwicklung von technischen Standards
  - Reduzierung des zukünftigen Wettbewerbs
  - Errichtung von Markteintrittsbarrieren
  - Überwindung von Handelshemmnissen
  - Umgehen von rechtlichen, regulatorischen und/oder politischen Barrieren

Mit der Verfolgung der genannten Ziele, erstreben die kooperierenden Unternehmen die Erschließung oder Erhaltung von Wettbewerbsvorteilen. Im Ergebnis sollen die Zielsetzungen dazu führen, dass die Leistungsfähigkeit, der Unternehmenswert und die Erträge aus den Geschäftsfeldern, durch die Bündelung der Ressourcen in einer Strategischen Allianz signifikant gesteigert werden können (Arino, Garcia-Canal, & Valdes, 1999; Bronder & Pritzl, 1992; Todeva & Knoke, 2005; Yoshino & Rangan, 1995).

Ein weiterer Vorteil ist die Möglichkeit die Komplexität des Unternehmens zu reduzieren. Durch die Kooperation in strategischen Bereichen, kann eine Fokussierung auf die Kernkompetenz erfolgen. Durch die Ergänzung von Kompetenzen und das integrieren von Aktivitäten können neue Wettbewerbsvorteile erzielt oder erhalten werden (Todeva & Knoke, 2005; Varadarajan & Cunningham, 1995).

Der Steigerung der Marktposition stehen in der Wirtschaftspraxis jedoch häufig Probleme in der Konsensfindung der kooperierenden Unternehmen gegenüber. Diese Konfliktsituationen sind sowohl bei einer Kooperation durch wechselseitige Ergänzung als auch bei einer bewussten Gleichrichtung der Aktivitäten mit Risiken für die einzelnen Partner verbunden. Deshalb führen Strategische Allianzen nicht zwangsläufig zu den oben beschriebenen Vorteilen (Park & Ungson, 2001; Elmuti & Kathawala, 2001).

2.1.5 Risiken von Strategischen Allianzen

Die Entscheidung zur Bildung einer Strategischen Allianz bringt nicht nur Vorteile mit sich, sondern ist auch mit erheblichen Risiken verbunden. Über die Hälfte aller Strategischen Allianzen scheitern empirischen Untersuchungen zufolge (Park & Ungson, 2001). Die möglichen Ursachen und Risiken für das Scheitern von Strategischen Allianzen sind Kulturkonflikte, mangelndes Vertrauen, unklare Strategien und Ziele, mangelnde Koordination innerhalb des Managements, Unterschiede in Geschäftsmethoden und Einstellungen, unzureichendes Engagement innerhalb der Allianz, unzureichende Zustimmung zur Allianz, umweltbedingte Leistungsrisiken, die Gefahr intensiver Konkurrenz innerhalb der Allianz und unklare Absichten bei der Vereinbarung der Allianz (Elmuti & Kathawala, 2001; Das & Teng, 1999; 2001; Park & Ungson, 2001).

In der Literatur wird das Scheitern von Strategischen Allianzen häufig auf opportunistisches Verhalten und den fehlenden oder mangelnden *"Fit"* zwischen den kooperierenden Unternehmen zurück geführt. Beide genannten Ursachen werden im Folgenden skizziert:

- *Opportunistisches Verhalten*

Opportunistisches Verhalten umfasst Verhaltensweisen wie Betrug, Arglist, Wissens- und Informationsverschleierung, Irreführung oder Täuschung die gegenläufig zum Erfolg der Strategischen Allianz stehen (Das & Teng, 1998; Elmuti & Kathawala, 2001; Gulati, 1995; Kale, Singh, & Perlmutter, 2000; Park & Ungson, 2001). Die kooperierenden Unternehmen in einer Allianz können durch Opportunistisches Verhalten ihrer Partner Gefahr laufen, wettbewerbsrelevantes Know-how an diese zu verlieren (Kale, Singh, & Perlmutter, 2000). Das Eingehen einer Allianz, um ausschließlich eigene Interessen und Ziele zu verfolgen, wirkt sich negativ auf die Qualität und den Erfolg der gemeinsamen Ziele der Strategischen Allianz aus. Informationsasymmetrien und opportunistisches Verhalten können zu Leistungsasymmetrien innerhalb der Allianz führen und die Leistungsfähigkeit und den Bestand der Allianz gefährden (Das & Teng, 1998; Elmuti & Kathawala, 2001).

- **Fehlender strategischer und kultureller Fit**

Basis für eine erfolgreiche und stabile Strategische Allianz ist der strategische und kulturelle *"Fit"* zwischen den beteiligten Unternehmen. Der strategische *"Fit"* kennzeichnet hierbei die Kompatibilität von Zielen und Strategien zwischen den Kooperationspartnern (Das & Teng, 1999). Die beteiligten Unternehmen müssen nicht zwingend identische Ziel oder Strategien verfolgen. Das Risiko zum Scheitern der Strategischen Allianz wird aber bei inkompatiblen Zielsetzungen erhöht. Eine kompatible Strategie liegt vor, wenn beide Unternehmen ihre Ziele zur selben Zeit realisieren können (Das & Teng, 1999; Elmuti & Kathawala, 2001).

Der kulturelle *"Fit"* kennzeichnet die Übereinstimmung der grundlegenden Annahmen und unternehmensspezifischen Werte, Normen und Regeln. Inkompatible Unternehmenskulturen können sich als unüberwindbare Barrieren bei der Realisierung der gemeinsamen Strategie darstellen (Kale & Singh, 2009; Elmuti & Kathawala, 2001). Die Wahrscheinlichkeit eines Kulturkonflikts steigt tendenziell mit zunehmender Bindungsintensität der Kooperation, da dies eine intensive Kommunikation und Zusammenarbeit der Mitarbeiter und eine gemeinsame Entscheidungsfindung beinhaltet. Somit sind Übereinstimmungen in Grundeinstellungen zwischen den Entscheidungsträgern auf der strategischen und operativen Ebene, insbesondere bei langfristigen Strategischen Allianzen, unabdingbar (Bronder & Pritzl, 1992).

2.2 Die internationale Automobilindustrie

Das vorliegende Buch legt einen eindeutigen Schwerpunkt auf die internationale Automobilindustrie. Im Folgenden wird daher notwendiges Branchenwissen vermittelt und der betrachtete Rahmen der Analyse abgegrenzt und skizziert. Hierzu wird zunächst verständnisrelevantes, automobilwirtschaftliches Wissen vermittelt, indem definitorische Grundlagen *(2.2.1)* gelegt, in Grundzügen die Struktur beeinflussenden Faktoren beschrieben, die automobile Leistungserstellung anhand der Wertschöpfungskette dargestellt und die Herausforderungen und kritischen Erfolgsfaktoren *(2.2.2)* in der internationalen Automobilindustrie vorgestellt werden. Es werden die Strukturen und die internationalen Hauptakteure in der Automobilindustrie *(2.2.3)* vorgestellt, ihre Marktposition und grundlegende Strategien beschrieben. Abschließend wird auf die Bedeutung von Strategischen Allianzen *(2.2.4)* in der internationalen Automobilindustrie eingegangen.

2.2.1 Grundlagen der internationalen Automobilindustrie

Es lässt sich in Theorie und Praxis eine Vielzahl von Definitionen zur Automobilwirtschaft oder Automobilindustrie finden, die sich in ihrem Inhalt und der Zusammensetzung durchaus unterscheiden. Die Verflechtungen der Automobilbranche mit vor- und nachgelagerten Industrien und der daraus folgende hohe Grad der Komplexität führen dazu, dass in der Literatur und im allgemeinen Verständnis oft unterschiedliche Teilbranchen unter dem Begriff Automobilindustrie zusammengefasst werden. Um die Verwendung und die Definition einzugrenzen, beinhaltet die *Automobilwirtschaft* alle Unternehmen, die überwiegend an der Entwicklung, der Produktion, dem Vertrieb, der Instandhaltung und Entsorgung sowie der Verwendung beteiligt sind (Diez, 2006, S. 17ff; Reichhuber, 2010, S. 16; Wallentowitz, et al., 2009, S. 1). Hingegen ist die Abgrenzung und Definition von *Automobilindustrie* enger gefasst, als Wirtschaftszweig für die Herstellung von Automobilen, Motoren und anderen Kraftfahrzeugen, Anhängern, Aufbauten, Kfz-Komponenten und Zubehör und setzt den Fokus auf die Produktion (VDA; Reichhuber, 2010, S. 16; Becker-Ritterspach, 2008, S. 8; Wallentowitz, et al., 2009, S. 1). In der vorliegenden Studie werden im weiteren Verlauf die Begriffe *"Automobilwirtschaft"*, *"Automobilindustrie"* und *"Automobilbranche"* synonym verwendet. Außerdem werden ausschließlich die Automobilhersteller betrachtet.

Einflussfaktoren in der internationalen Automobilindustrie

Die Automobilindustrie ist durch hohe Konzentration und Volumenausrichtung der Unternehmen, den fortschreitenden Prozess der Automatisierung (in Industrieländern) und den damit verbundenen intensiven Einsatz von Kapital gekennzeichnet. In den Industrieländern USA, Japan, und Deutschland stellt die Automobilindustrie einen der bedeutenden Industriezweige dar und wird als Schlüsselindustrie verstanden. Aufgrund des Umsatzvolumens, der Beschäftigungswirkung und der vielfältigen Kooperationen, Verbindungen und Lieferverflechtungen zu anderen Industriezweigen, ist die Internationalisierung der Produktion und Fertigung intensiv. (Becker-Ritterspach, 2008, S. 8) Die strategischen Ausrichtungen und Entscheidungen in der Automobilindustrie werden von verschiedenen Faktoren beeinflusst, die entlang der gesamten Wertschöpfungskette wirken:

- *Die **Präferenzen der Kunden** bestimmen die Konzepte und Designs, die Verwendungs- und Zuverlässigkeitsanforderungen und die Ausstattungs- und Leistungsstandards der Fahrzeuge* (Reichhuber, 2010, S. 48ff; Ebel, Hofer, & Al-Sibai, 2004, S. 4f; Wallentowitz, Freialdenhoven, & Olschewski, 2009, S. 14ff; Veloso & Kumar, 2002, S. 1f).

- ***Staatliche Richtlinien** und **Regulierungen** in den Bereichen Handel, Sicherheit und Umwelt schaffen Notwendigkeiten und Anreize zur Innovation und zur Umstellung im Design oder der Produktion* (Wallentowitz, Freialdenhoven, & Olschewski, 2009, S. 20f; Becker, 2010, S. 41ff; Veloso & Kumar, 2002, S. 1f).

- *Das **intensive Wettbewerbsumfeld** und die **differenzierten Unternehmensstrategien** sind ein starker Impulsgeber für die Forschung und Entwicklung, neue Design-Konzepte und Innovationen im Produktionsprozess* (Wallentowitz, Freialdenhoven, & Olschewski, 2009, S. 18f; Veloso & Kumar, 2002, S. 1f).

- ***Kosten** und **Ertragsdruck** erfordern die kontinuierliche Verbesserung von Entwicklungs-, Produktions- und Managementprozessen und Integration strategischer Partner* (Reichhuber, 2010, S. 56ff; Ebel, Hofer, & Al-Sibai, 2004, S. 10f; Becker, 2007, S. 122ff).

Die Leistungserstellung in der Automobilindustrie

Die automobile Leistungserstellung kann über das Modell der Wertschöpfungskette abgebildet werden. Die Wertschöpfungskette beschreibt und strukturiert die gesamte Reichweite von Aktivitäten, die erforderlich sind, um ein Fahrzeug von seiner Entwicklung bis zur Verwendung herzustellen (Becker-Ritterspach, 2008; Reichhuber, 2010). Hierbei wird in primäre und sekundäre Wertaktivitäten unterschieden, die zusammen mit der Gewinnspanne den Gesamtwert der Leistungserstellung abbilden. Zur vereinfachten Darstellung wird der Fokus auf die primären Aktivitäten gelegt (s. Abb. 12), die sich zusammensetzen aus F&E, Beschaffung, Produktion, Marketing, Vertrieb und After Sales.

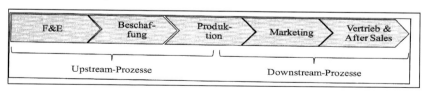

Abbildung 12 Die automobilwirtschaftliche Wertschöpfungskette
Quelle: (Reichhuber, 2010, S. 28)

Der automobilwirtschaftliche Leistungserstellungsprozess gliedert sich hierbei in vorgelagerte, sog. *Upstream-Prozesse* (F&E, Beschaffung und Produktion), und nachgelagerte Aktivitäten, sog. *Downstream-Prozesse* (Marketing, Vertrieb und After-Sales).

- *F&E*, *umfasst alle Aktivitäten, die dem Hervorbringen neuer marktfähiger Produkte und Prozesse mit neuen oder veränderten Technologien dienen*
- *Beschaffung*, *umfasst alle Funktionen, die der Bereitstellung der zur Leistungserstellung benötigten Produktionsfaktoren dienen*
- *Produktion*, *umfasst die Herstellung eines Automobils unter der Verwendung von vorgefertigten Teilen/Komponenten und Rohstoffen sowie den Einsatz von Maschinen und Humanressourcen*
- *Marketing*, *umfasst die systematische Gestaltung der Informationsübermittlung, um Einstellungen und Verhaltensweisen bestimmter Zielgruppen gemäß spezifischer Ziele zu steuern*
- *Vertrieb*, *umfasst die Belieferung der Märkte und alle Aktivitäten zur Steuerung und Pflege der Beziehungen eines Herstellers zum Handel bzw. beim Direktvertrieb zum Endkunden*
- *After-Sales*, *umfasst das Service- und Teilegeschäft*

Die Aktivitäten innerhalb der automobilen Wertschöpfungskette können von einem oder mehreren Unternehmen sowie lokal, regional oder global durchgeführt werden (Becker-Ritterspach, 2008).

2.2.2 Herausforderungen und kritische Erfolgsfaktoren in der Automobilindustrie

In diesem Kapitel werden die wichtigsten Herausforderungen der internationalen Automobilindustrie dargestellt und anschließend die kritischen Erfolgsfaktoren zur Bewältigung dieser Herausforderungen abgeleitet und skizziert.

Die Herausforderungen der internationalen Automobilindustrie

Zu den größten Herausforderungen der internationalen Automobilindustrie zählen die Stagnation in den etablierten Automobilmärkten der Triade, die Erschließung neuer Wachstumspotenziale in den BRIC-Staaten, strukturelle Überkapazitäten, die einen zunehmenden Kostendruck verursachen, steigende Kundenpräferenzen in Bezug auf Individualisierung und die dadurch steigende Produkt- und Modellvielfalt und verschärfte ökologische Einflüsse, die neue Technologien und Innovationen erfordern (Becker, 2007; 2010; Reichhuber, 2010; Wallentowitz, Freialdenhoven, & Olschewski, 2009; Ebel, Hofer, & Al-Sibai, 2004). Im folgenden werden die genannten Herausforderungen erläutert:

- *Marktsättigung in den etablierten Märkten und neue Wachstumspotenziale*

Zu den etablierten Märkten der internationalen Automobilindustrie zählen die NAFTA, Westeuropa und Japan. Die Triade lieferte im Jahr 2010 mit einer Produktionsleistung von 35,6 Millionen Kraftfahrzeugen (s. Abb. 13) einen Anteil von 46 Prozent zur weltweiten Gesamtleistung von 77,9 Millionen Einheiten. Im Jahr 2000 lag der Anteil der Triade an der gesamten Produktion mit 44,9 Millionen Kraftfahrzeugen noch bei 77 Prozent.

Das Produktionsvolumen der etablierten Märkte schrumpfte innerhalb von zehn Jahren jährlich um durchschnittlich zwei Prozent. Zudem gingen die Neuzulassungen in der Triade in den letzten Jahren ebenfalls zurück (Becker, 2007, S. 90). Die Ursachen für diese trendmäßige Stagnation in den etablierten Märkten sind vor allem weitgehend stagnierende Realeinkommen, stagnierende bzw. allmählich schrumpfende Bevölkerungen sowie die fortschreitende Alterung in der entwickelten Welt und der bereits erreichte hohe Motorisierungsgrad in den OECD-Staaten (Becker, 2007, S. 91ff; 2010, S. 23ff; Reichhuber, 2010, S. 52; Wallentowitz, Freialdenhoven, & Olschewski, 2009, S. 23f).

Während die etablierten Märkte seit mehreren Jahren Sättigungstendenzen erkennen lassen, wächst die Nachfrage nach Automobilen vor allem in den Wachstumsmärkten der BRIC-Staaten und Osteuropa. Die geringe Motorisierungsdichte sowie der hohe Konsumnachholbedarf und steigende Realeinkommen in diesen Regionen führen zu einem Anstieg der Automobilnachfrage (Becker, 2007, S. 95ff; 2010, S. 23ff; Reichhuber, 2010, S. 54). Zudem erfolgte aufgrund der gestiegenen Nachfrage eine Verlagerung der Automobilproduktion (s. Abb. 11) in die aufstrebenden Wachstumsmärkte. Mit 31,1 Millionen Einheiten erzielten die BRIC-Staaten und Südkorea einen Anteil von 40 Prozent der weltweiten Automobilproduktion im Jahr 2010. Im Jahr 2000 verzeichneten diese Regionen einen Anteil von 15 Prozent. Mit einem durchschnittlichen jährlichen Wachstum von 25 Prozent in den Jahren von 2000 bis 2010 konnten diese Regionen nicht nur ihre Bedeutung innerhalb der internationalen Automobilindustrie signifikant steigern, sondern China stieg mit 18,3 Millionen produzierten Kraftfahrzeugen zum weltweit führenden Markt auf (VDA, 2011).

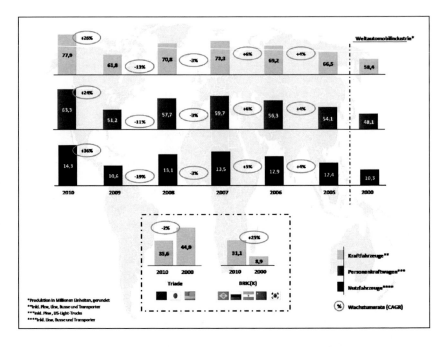

Abbildung 13 Entwicklung Weltautomobilproduktion von 2000 bis 2010
Quelle: (OICA, 2000; 2005-2010); eigene Darstellung

- **Strukturelle Überkapazitäten und erhöhter Kostendruck**

Eine große Herausforderung für sämtliche Automobilhersteller sind die in der Industrie vorhandenen strukturellen Überkapazitäten, die den Kostendruck erhöhen und die Wettbewerbsfähigkeit einschränken (Donnelly, Mellahi, & Morris, 2002). Überkapazitäten liegen vor, wenn das tatsächliche Produktionsvolumen eines Herstellers unter den vorhandenen Kapazitäten liegt (Becker, 2007, S. 83ff). Strukturelle Überkapazitäten sind langfristiger Natur und resultieren hauptsächlich aus strategischen Fehleinschätzungen und Fehlinvestitionen im Zusammenhang mit den Wachstumsstrategien der Automobilhersteller (Holweg, 2008). Hauptursache für die vorhandenen Überkapazitäten sind die chronischen Versäumnisse der Automobilhersteller, ihre Kapazitäten an die tendenziell sinkende Nachfrage und geänderte Marktbedingungen anzupassen und ihre Produktionsvolumen an tatsächliche Kundenaufträge auszurichten (Becker, 2007). Im Jahr 2005 wurde die Kapazitätsauslastung der internationalen Automobilhersteller (s. Abb. 14) im Durchschnitt auf 84 Prozent geschätzt, wobei eine Bandbreite von 55 Prozent (Fiat) bis 95 Prozent (Nissan Motor) deutliche Unterschiede zeigte.

	Fertigstellung [Stk.]	Kapazität [Stk.]	Auslastung [%]
General Motors Corp.	9.460.835	12.216.668	77,0
Toyota Motors Corp.	8.288.274	8.817.313	94,0
Ford Motor Company	7.794.978	10.256.550	76,0
Volkswagen AG	5.153.318	6.682.621	77,0
DaimlerChrysler AG	4.244.143	5.175.784	82,0
Nissan Motor Co., Ltd.	3.494.274	3.678.183	95,0
Hyundai Kia	3.545.376	4.220.686	84,0
Honda Motor Co., Ltd.	3.464.010	3.685.117	94,0
Peugeot S.A.	3.369.375	3.622.984	93,0
Renault S.A.	2.616.818	3.443.182	76,0
Fiat S.p.A.	1.982.302	3.604.185	55,0
BMW AG	1.323.119	1.486.651	89,0
Zusammen:	Σ= 54.682.822	Σ= 66.873.405	$\emptyset$= 84,34

Abbildung 14 Kapazitätsauslastungen der internationalen OEMs im Jahr 2005
Quelle: (Becker, 2007, S. 22)

Bei regionaler Betrachtung der Kapazitätsauslastung sind ebenfalls deutliche Unterschiede zu erkennen. Für Westeuropa lag die Einschätzung im Jahr 2005 bei einer Auslastung von 78 Prozent. In den USA wurden die Überkapazitäten wesentlich höher eingeschätzt (Becker, 2007, S. 25). In China wurde die Auslastung im Jahr 2005 nur noch auf 50 Prozent geschätzt. Zwei Jahre zuvor lag die Auslastung noch bei 90 Prozent (Wallentowitz, Freialdenhoven, & Olschewski, 2009, S. 26). Da die Automobilproduktion sehr kapitalintensiv ist, führt eine geringe Kapazitätsauslastung aufgrund der hohen Fixkosten zu einer niedrigeren Rentabilität (Wallentowitz, Freialdenhoven, & Olschewski, 2009). Aus diesem Grund sind die Automobilhersteller dazu geneigt auch bei niedriger Nachfrage die Kapazitäten hoch auszulasten, was zu hohen Lagerbeständen an Neufahrzeugen führt. Um diese hohen Bestände abzubauen, werden die Fahrzeuge mit hohen Rabatten in den Markt gebracht, was die Gewinnmargen der Automobilhersteller verringert und das Markenimage nachhaltig beschädigt (Becker, 2007). Um dem zunehmenden Kostendruck zu beggnen, wird eine zunehmende Verlagerung der Produktion aus den Industriestaaten in die Wachstumsmärkte erwartet. Durch die Reduzierung der Kapazitäten an den Standorten mit hohen Produktionskosten soll eine höhere Auslastung der neuen Produktionsstandorte in den Wachstumsregionen erzielt werden (Wallentowitz, Freialdenhoven, & Olschewski, 2009).

- ***Zunehmende Produktvielfalt und verkürzte Produktlebenszyklen***

Um dem zunehmendem Verdrängungswettbewerb innerhalb der internationalen Automobilindustrie zu begegnen, setzen sämtliche Hersteller auf innovative Produkte als Maßnahme um Marktanteile zu sichern bzw. zu erhöhen. Eine Erweiterung der Produktpaletten erfolgt hierbei, um den immer anspruchsvolleren und individuelleren Kundenwünschen gerecht zu werden (Becker, 2007). Die Zielsetzung der Automobilhersteller ist durch das Abdecken sämtlicher Segmente, durch ein sogenanntes *"Full-Line-Portfolio"* (d.h. vom Kleinwagen bis zur Oberklasse), die Nachfrage sämtlicher Kundengruppen zu bedienen. Im Vordergrund steht hierbei das Verteilen und Minimieren von wirtschaftlichen Risiken sowie die Sicherung der Existenz und Wettbewerbsfähigkeit (Donnelly, Mellahi, & Morris, 2002; Reichhuber, 2010). Das hat zur Folge, dass die Produktvielfalt und Modellkomplexität immer größer werden, während auf der Nachfrageseite nur schwaches Wachstum vorhanden ist. Durch jede weitere neue Modellvariante entstehen zusätzliche Kosten, wobei aber nicht zwangsläufig der Ertrag erhöht wird. Die Profitabilität durch die Ausweitung der Produktvielfalt erhöht sich nur durch tatsächliche Steigerungen der Marktanteile (Becker, 2007, S. 28f). Durch die Zunahme der Produktvielfalt steigen insbesondere die Kosten in der Forschung und Entwicklung stark an. Die hohen Entwicklungskosten gefährden bei Misserfolg von neuen Modellen die Existenz des gesamten Unternehmens. Zudem wird eine Amortisation der Anfangsinvestitionen durch die Verkürzung der Produktlebenszyklen immer schwieriger (Hammes, 1994, S. 336). Die Verkürzung der Modellzyklen durch die Dynamisierung der Nachfrageseite führte zu signifikanten Veränderungen in den Entwicklungszeiten von neuen Modellen. Die Entwicklungszeiten neuer Fahrzeuge von drei bis fünf Jahren bis zur Serienreife sind von den Automobilhersteller auf 18 bis 24 Monate reduziert worden. Die drohenden Verluste bei verspäteten Produkteinführungen führen dazu, dass die Automobilhersteller höhere Risiken bei der Qualität neuer Fahrzeuge in Kauf nehmen, um eine schnellere Markteinführung neuer Produkte zu realisieren (Reichhuber, 2010, S. 50f; Hammes, 1994, S. 336; Wallentowitz, Freialdenhoven, & Olschewski, 2009, S. 30f).

Die kritischen Erfolgsfaktoren in der internationalen Automobilindustrie

Der kritische Erfolgsfaktoren-Ansatz wurde von Daniel (1961) und später Rockart (1979) geprägt, mit dem Hauptziel die Informationsüberflutung für Manager zu reduzieren, indem Informationen auf die wichtigsten Kriterien für eine erfolgreiche Strategieentwicklung beschränkt werden.

„*Critical Success factors thus are, for any business, the limited number of areas in which results, if they are satisfactory, will ensure successful competitive performance for the organization*" (Rockart, 1979, S. 85).

Es wäre dennoch falsch, die Bedeutung von anderen Faktoren auszuschließen. Im vorliegenden Buch, werden die entscheidenden Erfolgsfaktoren in der globalen Automobilindustrie priorisiert. Die in der vorliegenden Studie ausgewählten Faktoren sind deckungsgleich mit den Hauptanliegen und Bedenken in der globalen Automobilindustrie von Branchenexperten und Führungskräften aus den letzten Umfragen, die von zwei renommierten Beratungsunternehmen, KPMG (2010) und PricewaterhouseCoopers (2011), durchgeführt wurden.

Die identifizierten Faktoren und Fähigkeiten sind:

- **Technologische Innovation** *und* **Kommerzialisierung**, *zur Erfüllung neuer Umweltstandards und Verringerung der Menge an benötigten Ressourcen*
- **Entwicklung neuer Produkte**, *zur Erfüllung der sich verändernden Präferenzen der Verbraucher bei gleichzeitiger Verbesserung von Qualität und Erschwinglichkeit*
- **Preisliche Wettbewerbsfähigkeit** *und* **Kosteneffizienz** *entlang der gesamten Wertschöpfungskette, um den gestiegenen Kosten zu begegnen*
- *Aufnahme und Pflege von* **Kundennähe** *und -bindung*
- *Fokussierung auf* **Wachstumspotenziale** *in den Schwellenländern*
- **Finanzielle Möglichkeiten**, *Zugang zu Kapital und Finanzierung für organisatorische Umstrukturierungen (z. Bsp. Fusionen, Akquisitionen und Allianzen)*

2.2.3 Struktur und Hersteller in der internationalen Automobilindustrie

Die derzeitige Struktur der Automobilindustrie ist das Produkt eines langen Prozesses des Strukturwandels. Sie ist für Kapitalintensität und ein hohes Kapital-Arbeit-Verhältnis bekannt. Darüber hinaus sind die meisten Länder, die an der globalen Automobil-Produktion beteiligt sind, stark exportorientiert und -abhängig. Auch wenn die inländische Produktion in vielen Ländern wichtig bleibt, sind zunehmend Verschiebungen aufgrund der hohen Marktsättigung in der Triade Region (s. Abb. 15), hoher Transport- und Logistikkosten und die wachsenden Marktchancen in Schwellenländern wie: Brasilien, Russland, Indien und China, Osteuropa und Südostasien (s. Abb. 16) zu beobachten.

Mehr und mehr Automobilhersteller lagern ganze Teile ihrer Fertigungsprozesse an Lieferanten und Dienstleister aus (Becker, 2007, S. 126f; 2010, S. 12f; Ebel, Hofer, & Al-Sibai, 2004, S. 26f). Die Fokussierung auf Kernkompetenzen in den Bereichen Design, Brandmanagement, Marketing, Vertrieb und Kundenbeziehungsmanagement sowie Kosten- und Ressourcenvoreile sind die Ursachen (Wallentowitz, Freialdenhoven, & Olschewski, 2009, S. 31). Ein weiterer zu beobachtender Trend in der Automobilbranche ist die Konsolidierung durch Allianzen, Fusionen und Akquisitionen, um das Produktportfolio zu erweitern, die Erzielung von "*economies of scale*" und das Reduzieren von Überkapazitäten (Becker, 2007, S. 129f).

Internationale und interkulturelle Projekte erfolgreich umsetzen

All diese Entwicklungen führen zu komplexen Verflechtungen auf globaler Ebene, die oft von politischen und betrieblichen Angelegenheiten beschränkt werden. Insbesondere die führenden Automobilkonzerne aus den etablierten Märkten sind durch eine hohe Markenvielfalt und intensive Verflechtung von Strategischen Allianzen, Joint Ventures und Kooperationen in der internationalen Automobilindustrie gekennzeichnet. Trotz der Komplexität der Geschäftstätigkeit ist die Branche innerhalb der einzelnen Länder immer noch stark in Industrie-Clustern konzentriert (Veloso & Kumar, 2002; Haugh, Mourougane, & Chatal, 2010).

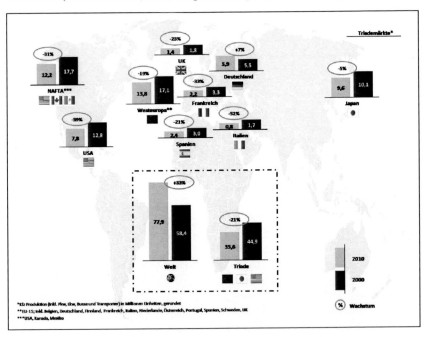

Abbildung 15 Die etablierten Märkte der internationalen Automobilindustrie
Quelle: (OICA, 2000; 2010); eigene Darstellung

Aufgrund der hohen Kapitalintensität und des erforderlichen hohen Grad von geistigem Eigentum (Know-how, Patente, Technologien, etc.), um in die Industrie einzutreten, ist die Bedrohung durch neue Marktteilnehmer relativ schwach. Die Durchsetzung von strengeren Sicherheits- und Umweltbestimmungen, gekoppelt mit dem jüngsten Rückgang der Industrievolumen durch die Krise, verringern die Attraktivität der Branche für neue Marktteilnehmer weiter. Dennoch finden immer mehr Autohersteller aus den Schwellenländern den Weg in die Industrie (Arthur D. Little, 2009).

Internationale Strategische Allianzen in der Automobilindustrie

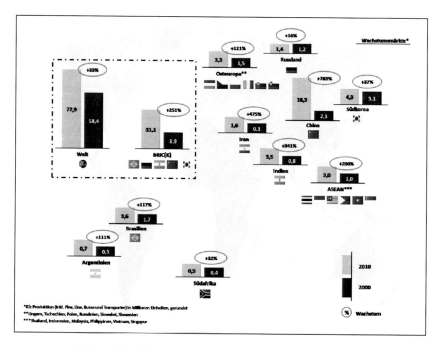

Abbildung 16 Die Wachstumsregionen der internationalen Automobilindustrie
Quelle: (OICA, 2000; 2010); eigene Darstellung

In den letzten Jahrzehnten konnten folgende Strategien der internationalen Automobilhersteller beobachtet werden, um den neuen Marktanforderungen und Veränderungen der globalen Automobilindustrie zu begegnen:

- *Adaption einer globalen Strategie bzw.* **Produktionsinternationalisierung** *und Erschließung neuer Standorte in den Wachstumsländern* (Veloso & Kumar, 2002, S. 6f; Wallentowitz, Freialdenhoven, & Olschewski, 2009, S. 59f; Reichhuber, 2010, S. 54ff; Becker, 2007, S. 100ff).

- **Plattformstrategien**[16] *können definiert werden als Gleichteilkonzepte, die modellreihenübergreifend die Verwendung identischer Teile, Komponenten und Module vorsehen und damit zu einer signifikanten Verringerung der Variantenvielfalt und Komplexität führen. Plattformstrategien beruhen auf dem Baukastenprinzip* (Veloso & Kumar, 2002, S. 7f; Wallentowitz, Freialdenhoven, & Olschewski, 2009, S. 142ff).

---

[16] Plattformstrategien ermöglichen die Erschließung erheblicher Kostensenkungspotentiale in den Bereichen Produktion und Entwicklung durch einen mit steigendem Gleichteileanteil einhergehenden Stückzahlanstieg. Dies geht jedoch mit einer steigenden Austauschbarkeit der Produkte einher.

Internationale und interkulturelle Projekte erfolgreich umsetzen

- **Outsourcing-Strategien**[17], *die F&E-Leistungen werden auf Zulieferer und Systemlieferanten ausgelagert*. Der Wertschöpfungsanteil der OEMs am Fahrzeug nimmt dadurch ab (Veloso & Kumar, 2002, S. 8f; Wallentowitz, Freialdenhoven, & Olschewski, 2009, S. 31; Becker, 2010, S. 12f).
- **Produktproliferation**, *die Erweiterung des Modell- und Variantenangebots zur Erschließung und Abdeckung sämtlicher Fahrzeugsegmente* (Wallentowitz, Freialdenhoven, & Olschewski, 2009, S. 28; Reichhuber, 2010, S. 79ff; Becker, 2007, S. 28f).
- **Kooperationen, Allianzen** *und* **Übernahmen** *zur Steigerung der Wettbewerbsfähigkeit und Erhöhung der Marktmacht* (Wallentowitz, Freialdenhoven, & Olschewski, 2009, S. 44f; Becker-Ritterspach, 2008, S. 9; Becker, 2007, S. 129ff; 2010, S. 21).

Wenige multinationale Unternehmen dominieren die globale Autoindustrie (s. Abb. 17) mit den führenden Herstellern Toyota, General Motors (GM), Volkswagen (VW), Renault-Nissan-Allianz und der Hyundai Kia Automotive Group (HKAG). Im Jahr 2010 erzielte Toyota 11 Prozent des globalen Marktanteils in Bezug auf Produktion, während GM und VW 10,9 bzw. 9,4 Prozent erzielten. Die Renault-Nissan-Allianz erzielte mit einer Produktion von 7,2 Millionen Einheiten einen Marktanteil von 9,3 Prozent, gefolgt von der HKAG mit 5,8 Millionen Einheiten und 7,4 Prozent. Beim globalen Absatz lagen im Jahr 2010 Toyota und GM mit einem Marktanteil von 11,1 Prozent und 8,4 Millionen Einheiten gleich auf. Die Renault-Nissan-Allianz lag mit 9,6 Prozent vor VW mit 9,4 Prozent auf Rang drei. Mit 5,7 Millionen Einheiten weltweit konnte die HKAG einen Marktanteil von 7,5 Prozent erzielen und komplettierte die führende Gruppe. Darüber hinaus wird die aufstrebende Konkurrenz (s. Abb. 18) aus den Schwellenländern den Wettbewerb in der Branche weiter verschärfen. Die jüngste Krise und die aktuellen Entwicklungen in der Automobilindustrie konfrontieren zweifellos Automobilhersteller und deren Zulieferer mit neuen Herausforderungen, die zu einem intensiven Wettbewerb in allen Segmenten und einer Umstrukturierung des gesamten Sektors führen (Haugh, Mourougane, & Chatal, 2010).

---

[17] Die Übertragung zur Erbringung von Dienstleistungen die zuvor selbst erbracht wurden, an eine externe Organisation. In der Regel im Rahmen eines Vertrags mit vereinbarten Standards, Kosten und Bedingungen.

Internationale Strategische Allianzen in der Automobilindustrie

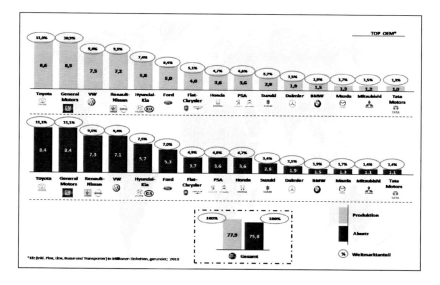

Abbildung 17 Die größten Automobilhersteller nach Produktion und Absatz 2010
Quelle: (Automobil Produktion, 2011; VDA, 2011; OICA, 2010); eigene Darstellung

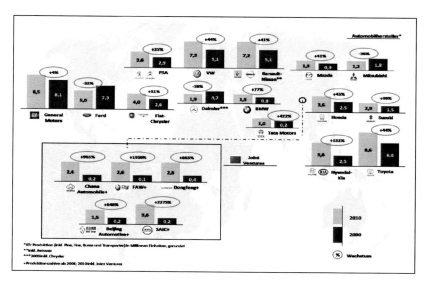

Abbildung 18 Entwicklung der internationalen OEMs & chinesischen JVs von 2000 bis 2010
Quelle: (OICA, 2000; 2010); eigene Darstellung

2.2.4 Strategische Allianzen in der internationalen Automobilindustrie

Neben Übernahmen und Zusammenschlüssen haben Kooperationen in Form von Strategischen Allianzen in der internationalen Automobilindustrie zunehmend an Bedeutung gewonnen und stellen eine wichtige Option zur langfristigen Stärkung und Verbesserung der Wettbewerbsposition dar (Culpan, 2002; Becker, 2007). Die Fähigkeiten und Ressourcen einzelnen Automobilunternehmen reichen oft nicht mehr aus, um die strategischen Herausforderungen der internationalen Industrie alleine zu bewältigen (Becker, 2010; Culpan, 2002).

Im Zusammenhang mit Strategischen Allianzen führt Ohmae (1989) hierzu aus:

„You can expand brands and build up distribution yourself - you can do everything yourself - with enough time, money, and luck. But all three are in short supply. In particular, you simply do not have the time to establish new markets one-by-one throughout the Triad. The 'cascade' model of expansion no longer works. Today you have to be in all important markets simultaneously if you are going to keep competitors from establishing their positions. Globalization will not wait. You need alliances and you need them now" (Ohmae, 1989, S. 147).

Inzwischen haben sämtliche bedeutende Hersteller (s. Abb. 19) in der internationalen Automobilindustrie Verbindungen durch Kooperationen oder Strategische Allianzen zu einem oder mehreren Konkurrenten. Die Hauptgründe für die strategischen Entscheidungen dieser Verbindungen liegen in der besseren Auslastung von Produktionskapazitäten, der Realisierung von Skaleneffekten und der schnelleren Erweiterung der Modellpalette ohne kostenintensive Eigenentwicklungen (Becker, 2007).

Die Umsetzung von Strategischen Allianzen und Kooperationen erfolgt in folgenden strategischen Bereichen (Becker, 2007, S. 129):

- *gemeinsame **Beschaffung**, durch die Bündelung von Einkaufsvolumen erhalten die OEMs eine bessere Machtposition gegenüber Lieferanten und erzielen höhere Mengenrabatte*
- *gemeinsame Aktivitäten in **F&E**, durch die Bündelung von Ressourcen und Know-how erzielen die OEMs eine höhere Effizienz bei der Entwicklung neuer Technologien*
- *gemeinsame **Fahrzeugentwicklung**, durch die Bündelung von Ressourcen und Know-how erzielen die OEMs Zeitvorteile bei der Entwicklung neuer Fahrzeuge*
- *Austausch von **Aggregaten** und **Komponenten**, die OEMs können die Kosten einer Eigenentwicklung einsparen und schneller neue Fahrzeugsegment erschließen*
- *gemeinsame **Produktion** und **Montage**, erhöht die Flexibilität und ermöglicht eine bessere Auslastung der Kapazitäten*
- *gemeinsame **Vertriebsaktivitäten**, ermöglichen den Zugang zu neuen Märkten und die Nutzung vorhandener Marktkenntnisse und Netzwerke*

Die strategische Zusammenarbeit in diesen Allianzen beruht auf klar abgegrenzten Kooperationsverträgen. Zusätzlich werden diese Abkommen durch gegenseitige Kapitalbeteiligungen und/oder die Gründung von Joint Ventures gestützt (Becker, 2007). Eine Strategische Allianz dient dabei nicht dem Ziel einer nachfolgenden Fusion oder Übernahme, sondern ist eine stabile Art der Zusammenarbeit zur Erzielung von gemeinsamen Wettbewerbsvorteilen. Die Senkung von Kosten durch die Erzielung von Skaleneffekten und die Erschließung neuer Märkte sind zwei der häufigsten Gründe für die Bildung von Strategischen Allianzen in der internationalen Automobilindustrie (Culpan, 2002).

Internationale und interkulturelle Projekte erfolgreich umsetzen

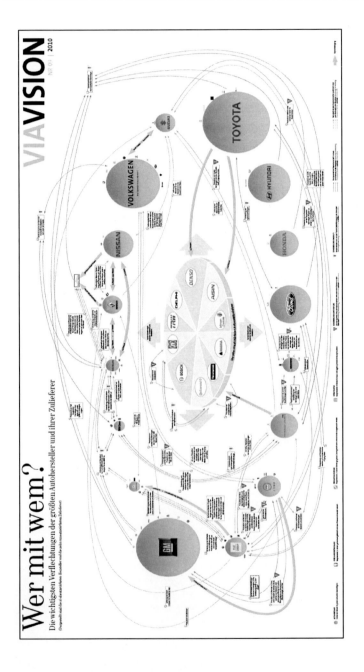

Abbildung 19 Verflechtungen in der internationalen Automobilindustrie
Quelle: (Viavision, 2010); Die Abbildung dient der Veranschaulichung der enormen Komplexität der Verflechtungen. Für detailliertere Informationen wird auf die Quelldatei verwiesen.

3 Herausforderungen und Erfolgsfaktoren von Strategischen Allianzen

3.1 Das Phasenkonzept von internationalen Strategischen Allianzen

Im folgendem werden mit Hilfe eines Phasenmodells die spezifischen Herausforderungen einer Strategischen Allianz dargestellt. Zur Ableitung von Handlungsempfehlungen für die einzelnen Phasen, erfolgt die Orientierung entlang des Lebenszyklus einer Strategischen Allianz. In der Literatur lässt sich eine Vielzahl unterschiedlicher Phasenkonzepte finden, wobei die einzelnen Konzepte große Gemeinsamkeiten in der Struktur aufweisen (Das & Teng, 1997; Jiang, Li, & Gao, 2008; Kale & Singh, 2009; Boston Consulting Group, 2005; Brouthers, Brouthers, & Harris, 1997). Im vorliegenden Buch wird ein Konzeptmodell (s. Abb. 20) verwendet, das aus fünf Phasen besteht. Die einzelnen Phasen des Modells sind: (1) Ausrichtung der Allianz-Strategie, (2) Partnerauswahl, (3) Verhandlung und Struktur, (4) Steuerung und Kontrolle und (5) Bewertung und Anpassung.

Abbildung 20 Phasenkonzept einer Strategischen Allianz
Quelle: eigene Darstellung in Anlehnung an (Das & Teng, 1997; Boston Consulting Group, 2005, S. 20; Jiang, Li, & Gao, 2008, S. 179; Kale & Singh, 2009, S. 48)

Den einzelnen Phasen sind hierbei zentrale Erfolgsfaktoren zugeordnet, die auf Erkenntnissen der verwendeten Literatur basieren. Zudem spielen eine offene Kommunikation und vertrauensbildende Maßnahmen phasenübergreifend eine wesentliche Rolle bei der erfolgreichen Etablierung einer Strategischen Allianz (Wohlstetter, Smith, & Malloy, 2005). Eine Berücksichtigung aller möglichen Einflussfaktoren und Erfolgskriterien ist aufgrund des begrenzten Umfangs der vorliegenden Studie nicht möglich. Aus diesem Grund wird der Fokus auf die wichtigsten Faktoren begrenzt, die in der Literatur eine hohe Bedeutung haben und große Beachtung bekommen. In den folgenden Abschnitten werden die einzelnen Phasen und ihre Herausforderungen erläutert, wobei die Phasen (2) Partnerauswahl, (3) Verhandlung und Strukturierung und (4) Steuerung und Kontrolle den Schwerpunkt der Betrachtung bilden.

3.1.1 Ausrichtung der Allianz-Strategie

Ein Hauptziel von Wirtschaftsunternehmen ist die Verbesserung der eigenen Marktposition durch Steigerung der Marktmacht und Wettbewerbsfähigkeit. Die Realisierung dieses Ziels wird mittels Strategien verfolgt, die den Fokus auf wirtschaftliches Wachstum legen. Die Steigerung von Marktanteil, Umsatz und/oder Gewinn des Unternehmens stehen dabei im Vordergrund. Den Unternehmen stehen hierzu grundsätzlich drei Optionen zur Verfügung (White, 2000): organisches Wachstum durch Eigenentwicklung, Zukauf durch Markttransaktionen wie Fusionen und Übernahmen oder Kooperationen in Form von Strategischen Allianzen. Die Wahl der optimalen Strategie hängt dabei stark von den Ressourcen und Fähigkeiten des Unternehmens und den herrschenden Marktbedingungen ab (Dyer, Kale, & Singh, 2004).

Zu Beginn ist eine fundierte Situationsanalyse des Unternehmens nötig, die sowohl eine Umwelt- und Wettbewerbsanalyse zur Ableitung von Chancen und Risiken als auch eine Unternehmensanalyse zur Identifizierung von Stärken und Schwächen beinhaltet. Auf Grundlage dieser Erkenntnisse und Ergebnisse ergibt sich der strategische Handlungsbedarf und die Entscheidung für eine geeignete Handlungsoption.

Im Anschluss an die Situationsanalyse des Unternehmens müssen die eigenen Motive in konkrete Zielvorstellungen umgesetzt und die Koordinationsform zur Erreichung dieser Ziele gewählt werden. Neben Strategischen Allianzen stehen auch die Eigenleistung, Zukauf am Markt, Fusionen und Übernahmen als strategische Optionen zur Verfügung. Um zu entscheiden, welche Koordinationsform am besten zur Zielerreichung führt, müssen die Vor- und Nachteile der einzelnen Alternativen abgewogen werden (Das & Teng, 1997, S. 51). Strategische Allianzen sind insbesondere dann vorteilhaft, wenn sowohl Markttransaktionen als auch vertikale und horizontale Intergrationen relativ ineffizienter oder nicht realisierbar sind (Gulati, 1995). Insbesondere in Situationen mit hoher Unsicherheit und in Märkten mit Wachstumschancen, die ein Unternehmen nicht alleine erschließen kann oder will, sind Strategische Allianzen eine effektive Option, um neue strategische Chancen zu nutzen (Boston Consulting Group, 2005). Den möglichen Effizienzvorteilen bei Strategischen Allianzen stehen auch Risiken gegenüber, die nicht zu unterschätzen sind. Hohe Koordinationskosten, starke Abhängigkeit vom Partner oder die Gefahr kritisches Know-how an Wettbewerber zu verlieren sind nur einige Faktoren, die die Komplexität von Strategischen Allianzen steigern können (Hamel, Doz, & Prahalad, 1989; Park & Ungson, 2001).

Nachdem die Entscheidung für eine Strategische Allianz als Koordinationsform getroffen wurde, muss über die optimale Form der Allianz zur Realisierung der strategischen Ziele entschieden werden. Insbesondere in der Automobilindustrie finden häufig zwei Formen von

Strategischen Allianzen zwischen Wettbewerbern Anwendung (Dussauge & Garrette, 1999): *"Scale-"* und *"Link"*-Allianzen.

Innerhalb von *"Scale"*-Allianzen erfolgt eine Herstellung gemeinsamer Vorprodukte durch die kooperierenden Unternehmen, die als Endprodukte getrennt unter eigenen Marken vermarktet werden. Das Hauptziel solcher Allianzen ist die Erzielung von Kostenvorteilen in Form von Skaleneffekten durch die Bündelung gleichartiger Ressourcen (bspw. im F&E- oder Produktionsbereich) (Dussauge, Garrette, & Mitchell, 2000, S. 102). *"Scale"*-Allianzen zielen auf die Steigerung der Leistungsfähigkeit beider Unternehmen ab. Durch die Zusammenlegung von ähnlichen Ressourcen und die Durchführung von Aktivitäten, in denen beide Unternehmen über Erfahrung verfügen, werden Effizienzgewinne erzielt (Dussauge, Garrette, & Mitchell, 2004, S. 703). Im Gegensatz dazu bringen Unternehmen in *"Link"*-Allianzen unterschiedliche, komplementäre Ressourcen und Fähigkeiten ein, um Expansionsmöglichkeiten in neue Geschäftsfelder zu verfolgen (Dussauge, Garrette, & Mitchell, 2004, S. 703). Zum Beispiel stellt ein Kooperationspartner seine Produkte und der andere sein Vertriebsnetz zur Verfügung. Das Ziel ist hierbei die Realisierung von Wachstumschancen im Markt durch die Kombination von komplementären Ressourcen (Dussauge, Garrette, & Mitchell, 2000, S. 103).

Die optimale Form einer Allianz ist stark abhängig von den Motiven und Zielen der beteiligten Unternehmen. Zudem muss die gewählte Form der Allianz zu der Wachstumsstrategie der Unternehmen passen, um die höchsten Erfolgsaussichten zu gewährleisten (Boston Consulting Group, 2005, S. 21). Es ist gilt sämtliche Vor- und Nachteile gründlich abzuwägen, um die optimale Option zu identifizieren. Abschließend muss festgelegt werden, in welchen strategischen Unternehmensbereichen eine Kooperation angestrebt wird und eventuell welcher Zeithorizont für die Strategische Allianz vorgesehen ist (Bronder & Pritzl, 1992, S. 46f).

3.1.2 Partnerauswahl

Ist die Entscheidung zur Etablierung einer Strategischen Allianz getroffen, wird diese dadurch noch nicht geschlossen. Vielmehr folgt die Suche nach einem geeigneten Kooperationspartner, mit dem die erhofften Ziele realisiert werden können. Die Auswahl des richtigen Partners für die Strategische Allianz ist der zentrale Erfolgsfaktor (Bronder & Pritzl, 1992). In der Literatur wird die Auswahl des richtigen Partners mit der Schließung einer Ehe verglichen (Ohmae, 1989; Das & Teng, 1997):

> *„An alliance is a lot like a marriage. There may be no formal contract. There is no buying and selling of equity. There are few, if any, rigidly binding provisions. It is a loose, evolving kind of relationship. Sure, there are guidelines and expectations. But no one expects a precise, measured return on the initial commitment. Both partners bring to an alliance a faith that they will be stronger together than either would be separately. Both believe that each has unique skills and functional abilities the other lacks. And both have to work diligently over time to make the union successful"* (Ohmae, 1989, S. 151).

Folglich wird der Auswahlphase eine besondere Bedeutung beigemessen. Die gemachten Fehler in der Auswahl- und Startphase können häufig die Hälfte der potentiellen Wertschöpfung einer Strategischen Allianz erodieren (Bamford, Ernst, & Fubini, 2004). Es muss ein geeigneter Partner sorgfältig gesucht, bewertet und ausgewählt werden, um einen langfristigen Erfolg bei der Strategischen Allianz zu gewährleisten. Diese Aufgabe ist allerdings nicht einfach, da viele verschiedene Kriterien bei der Partnerwahl zu beachten sind (Das & Teng, 1999, S. 56).

Die Partnerwahl ist ein mehrstufiger, komplexer Entscheidungsprozess, bei dem die unterschiedlichen Erwartungen und Ziele beider Unternehmen berücksichtigt werden müssen. Dabei ist der Prozess gekennzeichnet durch die Gefahr strategisch relevantes Wissen an den Partner zu verlieren, eine einmalige Auswahlentscheidung, die in der Regel nicht revidierbar ist, und das Fehlen oder die Unvollständigkeit valider Informationen über den Partner (Kraege, 1997, S. 93). Es ist daher unerlässlich, dass die relevanten Auswahlkriterien für die Partnerwahl vor dem Eintritt in eine Strategische Allianz identifiziert und verstanden wurden (Dacin, Hitt, & Levitas, 2001). Insbesondere im internationalen Kontext von Strategischen Allianzen, wo durch Unterschiede in Kultur, Infrastruktur, wirtschaftlicher Entwicklung und Regierungspolitik die Komplexität gesteigert wird, sind effektive Auswahlkriterien von hoher Bedeutung (Slocum & Lei, 1993). Dabei sind die nationale Kultur, vorherige Erfahrung, Größe und Struktur des möglichen Partners ebenso wichtig wie aufgabenbezogene bzw. strategische Kriterien des Partners (bspw. technisches Know-how, finanzielle Ressourcen, Managementerfahrung und Zugang zu globalen Märkten) (Geringer, 1988). Bei einer internationalen Strategischen Allianz muss ein Partner gewählt werden, der kompatible Ziele, geeignete Fähigkeiten, effektive Motivation und eine komplementäre strategische Ausrichtung hat. Die Inkompatibilität der kooperierenden Unternehmen oder opportunistisches Verhalten sind die häufigsten Gründe für das Scheitern von Strategischen Allianzen (Das & Teng, 1999; Dacin, Hitt, & Levitas, 2001). Zudem führen Aktivitäten beider Partner in den selben Geschäftsbereichen und internationalen Märkten häufig zu Wettbewerbskonflikten zwischen den Partnern in Strategischen Allianzen (Bleeke & Ernst, 1991; 1995).

Ein weiteres zu beachtendes Auswahlkriterium ist die Symmetrie bzw. Balance der Stärken zwischen den kooperierenden Unternehmen. Die durchschnittliche Lebensdauer von Allianzen beträgt nur sieben Jahre und ca. 80 Prozent der Joint Ventures, der häufigsten Allianz Form, enden mit dem Aufkauf bzw. der Übernahme durch einen Partner (Bleeke & Ernst, 1995, S. 97). Um das Risiko einer Übernahme zu identifizieren, muss die Entwicklung der Machtposition der Partner im Verlauf der Kooperation beobachtet werden. Zudem spielt die Machtposition bzw. Stärke der einzelnen Unternehmen zu Beginn der Strategischen Allianz eine bedeutende Rolle für die mögliche Entwicklung. Der Strukturelle-Fit bezieht sich auf sogenannte "harte" Strukturmerkmale wie Größe und finanzielles Potential eines Unternehmens (Eisele, 1995). Besteht hierbei ein großes Ungleichgewicht zwischen den kooperierenden Unternehmen, ist mit einem Dominanzstreben des größeren Partners zu rechnen. Zudem besteht die Gefahr einer zu starken einseitigen Abhängigkeit in der Strategischen Allianz (Child, Faulkner, & Tallman, 2005).

Im Allgemeinen lassen sich Strategische Allianzen in sechs Kategorien einordnen, die nach den möglichen Entwicklungen benannt sind (Bleeke & Ernst, 1995, S. 103):

- *Kollisionen zwischen Wettbewerbern in den Kerngeschäften; kurze Lebensdauer der Kooperation von zwei starken Wettbewerbern; aufgrund von Wettbewerbsspannungen werden strategische und finanzielle Ziele verfehlt; enden zumeist in der Auflösung, dem Kauf durch einen Partner oder einer Fusion.*
- *"Allianz der Schwachen"; zwei schwache Unternehmen zur Schaffung einer gestärkten Wettbewerbsposition; auch hier führt diese Allianz zumeist zu einer weiteren Schwächung der kooperierenden Partner und endet in der schnellen Auflösung oder in dem Kauf durch Dritte*
- *"Getarnter Kauf"; eine Partnerschaft von einem starken und einem schwachen Partner, der ein potentieller Wettbewerber werden könnte, dient zur Erhaltung der Schwäche des einen Partners und zum getarnten Kauf auf Raten durch den starken Partner. Die Zusammenarbeit überdauert nur selten fünf Jahre und endet in der Regel in der Akquisition durch den stärken Partner.*
- *"Starthilfe-Allianzen"; eine Partnerschaft von einem starken und einem schwachen Partner, der schwache Partner versucht durch die Allianz seine Fähigkeiten zu verbessern, in der Regel misslingt das Vorhaben und der schwache Partner wird übernommen durch den stärkeren Partner, in Ausnahmefällen entwickelt sich der schwache Partner zu einem Wettbewerber, die Allianz wird zu einer "Allianz unter Gleichen" oder löst sich auf.*
- *Zwei starke Partner und die Evolution des Kaufes; zwei zu Beginn starke Partner nehmen eine Partnerschaft auf, durch evolutive Veränderung der Verhandlungsmacht kommt es langsam zu einem Aufkauf der einen Firma durch die andere, diese Allianzen erreichen häufig die zu Beginn gesetzten Ziele und Erwartungen*
- *Allianz von Partnern mit komplementären Kompetenzen; die Stärken der beiden komplementären Partner werden genutzt und verstärkt, die beidseitig nutzenbringende Partnerschaft dauert in der Regel mehr als sieben Jahre an*

Die zuletzt genannte Kategorie stellt die erfolgreichste Variante von Kooperation dar. Diese Strategischen Allianzen basieren auf einer *"wahren"* Zusammenarbeit und existieren für einen langen Zeitraum. Dabei bauen die kooperierenden Unternehmen auf die jeweiligen Stärken des anderen durch die Ergänzung verschiedener Stärken bei Produkten, Märkten oder Funktionen (Bleeke & Ernst, 1995, S. 105).

Es lässt sich festhalten, dass Strategische Allianzen zwischen zwei starken Unternehmen eine höhere Erfolgsaussicht haben als Allianzen zwischen Unternehmen mit ausgeprägten Schwächen. Trotzdem schließen viele starke Unternehmen Allianzen mit kleineren oder schwächeren Partnern, um die Kontrolle über die Kooperation zu erhalten. Die Erfolgsaussichten dieser Zusammenschlüsse sind eher gering, weil die Schwächen des Partners die Wettbewerbsfähigkeit hemmen und Reibungen zwischen den kooperierenden Unternehmen verursachen können (Bleeke & Ernst, 1991).

Neben komplementären Ressourcen und Fähigkeiten ist eine ausgewogene Balance der Stärken beider Unternehmen ebenfalls von großer Bedeutung für den Erfolg einer Strategischen Allianz. Dabei steigern komplementäre Ressourcen (bspw. starke F&E Kompetenzen zusammen mit gut entwickelten Produktionsfähigkeiten oder innovative Produkte zusammen mit einem etablierten Vertriebsnetz) die Effektivität der Zusammenarbeit. Aber in den stärksten Strategischen Allianzen verfügen beide Partner über gute Produkte und etablierte Präsenzen in verschiedenen Absatzmärkten (Bleeke & Ernst, 1991).

Die Generierung eines Anforderungsprofils

Das Anforderungsprofil soll dabei helfen, einen angemessenen Partner für eine Strategische Allianz auszuwählen. Die Auswahl wird dabei stark beeinflusst von Kriterien, die sich positiv auf die Wettbewerbsfähigkeit und den Bestand der Allianz auswirken. In der Literatur beinhaltet eine optimale Partnerschaft zwei oder mehr stark wettbewerbsfähige Unternehmen mit komplementären Ressourcen und Fähigkeiten, kompatiblen Zielen und strategischen Ausrichtungen und gegenseitiges Vertrauen und Zustimmung (Das & Teng, 1997; 1999; Bleeke & Ernst, 1995; Shah & Swaminathan, 2008; Kale & Singh, 2009). In diesem Zusammenhang wird auch von dem *"Fit"* zwischen den kooperierenden Unternehmen gesprochen. Dieser s.g. „Fit" lässt sich auf verschiedenen Ebenen identifizieren, wie folgende Darstellung zeigt:

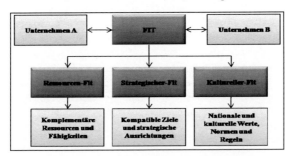

Abbildung 21 "Fits" in Strategischen Allianzen
Quelle: eigene Darstellung in Anlehnung an (Backhaus & Piltz, 1990; Bronder & Pritzl, 1992; Bleeke & Ernst, 1995; Das & Teng, 1997; Child, Faulkner, & Tallman, 2005; Shah & Swaminathan, 2008; Kale & Singh, 2009)

Für eine erfolgreiche Strategische Allianz muss gleichzeitig ein Ressourcen- und Strategischer-Fit vorhanden sein (Das & Teng, 1999). Ein hoher Kultur-Fit zwischen den kooperierenden Unternehmen ist nicht zwingend erforderlich für die erfolgreiche Zusammenarbeit in Strategischen Allianzen (Child, Faulkner, & Tallman, 2005).

- **Komplementäre Ressourcen und Fähigkeiten**

Der Ressourcen-Fit ist der Grad mit dem die komplementären Ressourcen der kooperierenden Unternehmen effektiv zu einer wertschaffenden Strategie integriert werden können (Das & Teng, 1999). Die effektive Kombination dieser Ressourcen ermöglicht die Realisierung von Synergie- und/oder Skalen-Effekten innerhalb der Strategischen Allianz, die einzeln nicht durch die Unternehmen erzielt werden können (Dyer, Kale, & Singh, 2004). Diese Ressourcendefizite sind mitunter die Hauptmotivation für das Eingehen einer Strategischen Allianz (Das & Teng, 1999). Die Entscheidung zur Schließung einer Strategischen Allianz wählen Unternehmen vor allem, wenn die erforderlichen Ressourcen nicht am Markt verfügbar sind oder nur zu sehr hohen Transaktionskosten zugänglich sind (Garcia-Canal, 1996).

Die eingebrachten Ressourcen der Partner können komplementär oder ähnlich sein. Eine Komplementarität von Ressourcen liegt vor, wenn die Unternehmen unterschiedliche Ressourcen in die Allianz einbringen, die gebündelt zu Synergie-Effekten führen und so zu gemeinsamen Vorteilen führen (Das & Teng, 1999). Zum Beispiel stellte der indische Automobilhersteller Tata Motors seinem Allianzpartner Fiat sein Vertriebsnetz in Indien zur Verfügung. Dadurch konnte Fiat sich Marktzutritt verschaffen und seine Präsenz auf dem wachsenden indischen Markt aufbauen. Im Gegenzug konnte Tata Motors durch die gemeinsame Produktion von Fahrzeugen und Motoren seine Produktpalette erweitern und neue Technologien erschließen (Mitchell & Hohl, 2008). Ein weiteres Beispiel ist das Joint Venture zwischen General Motors und Suzuki in Kanada. Das Joint Venture CAMI Automotive Inc. wurde zu gemeinsamen Produktion von Kleinwagen für den nordamerikanischen Markt gegründet. Suzuki erhielt Zugang zum Vertriebsnetz von General Motors und konnte so den Bereich After Sales für Teile und Komponenten erweitern. General Motors konnte die Kosten für die Entwicklung von Kleinwagen einsparen und neue Modelle zur Auffrischung der unteren Modellpalette erhalten. Zudem konnte General Motors wichtige Fähigkeiten in den Bereichen flexibler Montage und Qualitätskontrolle von Suzuki erlernen (Bleeke & Ernst, 1991).

Beim Einbringen ähnlicher Ressourcen ist das vorrangige Ziel die Realisierung von Skalen-Effekten und die Erzielung von Kostenreduktionen (Müller-Stewens & Hillig, 1992; Das & Teng, 1997). Zum Beispiel schlossen General Motors und Fiat eine Allianz, um durch die Zusammenlegung der Produktion von Komponenten und Teilen Größenvorteile zu realisieren. Zudem konnten beide Unternehmen durch ein kombiniertes Einkaufsvolumen ihre Position gegenüber Lieferanten verbessern und höhere Mengenrabatte verlangen. Dabei sollte die GM-Fiat Allianz mittelfristig signifikante Kosteneinsparungen realisieren (Culpan, 2002). Ein weiteres Beispiel ist die Allianz zwischen Toyota und dem PSA Konzern zur gemeinsamen Fahrzeugproduktion von den Modellen Toyota Aygo, Peugeot 107 und Citroen C1 in Tschechien. Über 90 Prozent der verwendeten Komponenten sind in allen drei Fahrzeugen identisch. Der Erhalt von Markenidentität und Produktdifferenzierung wird durch individuelle Karosserien gewährleistet (Wallentowitz, Freialdenhoven, & Olschewski, 2009, S. 51). Vorteile ergeben sich hierbei nicht nur in Form von Skalen-Effekten, sondern die Kapazitätsauslastung wird ebenfalls optimiert, da Nachfrageschwankungen der drei Modelle gegenseitig ausgeglichen werden (Koch, 2006).

- *Kompatible Ziele und strategische Ausrichtungen*

Der Strategische-Fit von Unternehmen im Zusammenhang mit Strategischen Allianzen ist von großer Bedeutung (Child, Faulkner, & Tallman, 2005). Er beschreibt den Grad der Kompatibilität von Strategien, Strukturen und Kulturen der kooperierenden Unternehmen (Das & Teng, 1999). Strategischer-Fit bedeutet auch, dass die Unternehmen in einer Strategischen Allianz die wahren Ziele ihrer Partner kennen und dass die Ziele erreicht werden können, ohne dass die Allianz oder der Partner benachteiligt wird (Das & Teng, 1999). Es besteht hierbei die Gefahr, dass ein Unternehmen eine Allianz mit versteckten Interessen eingeht. In solchen Fällen dient die Allianz als Deckmantel für die *"hidden agenda"* (bspw. den Zugang zu rechtlich geschützten oder geheimen Know-how des Partners erhalten oder eine geplante Übernahme) und das Unternehmen hat kein Interesse an einer langfristigen stabilen Strategischen Allianz (Das & Teng, 1999). Die Unternehmen in einer Strategischen Allianz müssen keine identischen Ziele verfolgen. Entscheidend ist aber, dass die individuellen Strategien und Ziele kompatibel sind, das heißt miteinander vereinbar und simultan realisierbar sind (Bleeke & Ernst, 1995; Das & Teng, 1999). Zum Beispiel scheiterte das Joint Venture zwischen General Motors und Daewoo, weil die Unternehmen verschieden strategische Ausrichtungen und inkompatible Ziele hatten. Daewoo suchte nach Wachstumsmöglichkeiten und dem Zugang zu neuen Märkten, während General Motors oberste Priorität angemessene finanzielle Renditen waren. Durch die negativen finanziellen Erträge war General Motors nicht bereit weitere Investitionen zu tätigen, um das von Daewoo gewünschte Wachstum zu erzielen. Infolgedessen beendeten beide Unternehmen das Joint Venture mit erheblichen Verlusten von Investitionen (Hitt, Tyler, Hardee, & Park, 1995; Das & Teng, 1997).

- *Nationale und kulturelle Werte, Normen und Regeln*

Der Kulturelle-Fit beinhaltet nationale- und unternehmenskulturelle Gegebenheiten. Diese Gegebenheiten müssen bei einer Zusammenarbeit immer berücksichtigt werden, da Werte, Normen und Regeln der Unternehmen das Verhalten der Mitarbeiter beeinflussen (Bronder & Pritzl, 1992). Bei internationalen Strategischen Allianzen sind die Landes- und Unternehmenskulturen der kooperierenden Unternehmen häufig unterschiedlich. Für eine erfolgreiche Zusammenarbeit sind diese Unterschiede nicht zwingend problematisch. Sie bieten vielmehr eine Möglichkeit von einander zu lernen (Child, Faulkner, & Tallman, 2005). Zum Vermeiden von Kulturkonflikten ist es aber wichtig, dass die Unternehmen gegenseitiges Verständnis zeigen und Kompromissbereitschaft bei kulturbezogenen Problemen entgegen bringen (Child, Faulkner, & Tallman, 2005). Die Bewertung und das Verständnis der kulturellen Unterschiede des Partners sind von großer Bedeutung für die gemeinsame Zusammenarbeit und dem Vorbeugen von Konflikten, die den Bestand oder die Wettbewerbsfähigkeit gefährden können (Dyer, Kale, & Singh, 2004).

- *Gegenseitiges Vertrauen und Zustimmung*

In der Literatur wird häufig auf die große Bedeutung von *"weichen"* Strukturmerkmalen, wie gegenseitigem Vertrauen und Zustimmung für den Erfolg von Strategischen Allianzen, hingewiesen (Madhok, 1995; Cullen, Johnson, & Sakano, 2000; Shah & Swaminathan, 2008). Das Vertrauen in die Absichten und Fähigkeiten des Partners und die Zustimmung zur Allianz sind wichtige Determinanten für eine langfristige, stabile und erfolgreiche Beziehung zwischen den kooperierenden Unternehmen (Madhok, 1995).

Vertrauen ist ein wichtiger Einflussfaktor bei Beginn und im Verlauf einer Strategischen Allianz. Gegenseitiges Vertrauen kann Verhaltensunsicherheiten und die Gefahr von Opportunismus reduzieren (Gulati, 1995; Shah & Swaminathan, 2008). Wenn ein gutes Vertrauensverhältnis zwischen den kooperierenden Unternehmen herrscht, werden sie nur wenige Kontroll- bzw. Schutzmechanismen installieren, um sich vor der Gefahr von opportunistischem Verhalten zu schützen (Madhok, 1995). Gegenseitiges Vertrauen verhindert zudem, dass frühzeitige Scheitern von Strategischen Allianzen bei temporären Konflikten oder strukturellen Ungleichgewichten in der Komplementarität der Unternehmen (Madhok, 1995).

In der Literatur wird zwischen *"credibility trust"* und *"benevolent trust"* unterschieden (Johnson, Cullen, Sakano, & Takenouchi, 1996). "Credibility trust" ist hierbei die rationale Vertrauenskomponente und bezeichnet die Zuversicht, dass der kooperierende Partner die Absicht und Fähigkeit besitzt, seinen Verpflichtungen nachzugehen und sein Versprechen bestimmte Leistungen innerhalb der Strategischen Allianz zu erbringen, zu halten. "Benevolent trust" ist die emotionale Vertrauenskomponente und liegt vor, wenn die beteiligten Unternehmen davon überzeugt sind, dass sich ihr Partner kooperativ und in Sinne der gemeinsamen Strategischen Allianz verhalten wird (Cullen, Johnson, & Sakano, 2000; Shah & Swaminathan, 2008). Im Rahmen der Partnerauswahl sorgt die rationale Vertrauenskomponente dafür, dass nur bestimmte potentielle Unternehmen in die engere Wahl kommen, da erwartet wird, dass nur sie die gemeinsamen Aufgaben und Ziele adäquat erfüllen können. Die emotionale Vertrauenskomponente reduziert die Angst vor opportunistischem Verhalten und ermöglicht eine höhere Leistungsfähigkeit zwischen den kooperierenden Unternehmen. Ist der "benevolent trust" gering, werden die Unternehmen kritische Informationen und Leistungen zurückhalten, um die Gefahr ausgenutzt zu werden zu reduzieren. In diesem Fall ist die Leistungsfähigkeit der Strategischen Allianz gehemmt, weil die kooperierenden Unternehmen weniger Ressourcen einbringen (Madhok, 1995). Zudem ist bei geringerem emotionalen Vertrauen die Wahrscheinlichkeit höher, dass eine stärkere Formalisierung und kostenintensive Sicherungsmechanismen zum Schutz vor opportunistischem Verhalten installiert werden, da die Angst vor diesem Verhalten stärker ausgeprägt ist. Dementsprechend fördert die emotionale Vertrauenskomponente die Stabilität und Leistungsfähigkeit von Strategischen Allianzen. Haben die kooperierenden Unternehmen bisher keine oder nur wenige Geschäftsbeziehungen vor der Strategischen Allianz unterhalten, wird nur die rationale Vertrauenskomponente ausgeprägt sein. Sie wird durch Reputation und interne Brancheninformationen über den potentiellen Partner beeinflusst. Nach erfolgreichen Verhandlungen und Vertragsabschluss werden sowohl rationale als auch emotionale Vertrauenskomponente in der Regel stärker ausgeprägt sein als vor der Initiierung, da Informationsasymmetrien abgebaut und Unsicherheiten reduziert werden (Shah & Swaminathan, 2008).

Weitere wichtige Aspekte für eine erfolgreiche Strategische Allianz sind *"commitment"* bzw. die Zustimmung und die daraus resultierende Verpflichtung eines Partners gegenüber dem Zweck der Allianz (Cullen, Johnson, & Sakano, 2000). In der Literatur wird "commitment" als die Intention der Partner, die Strategische Allianz aufrechtzuerhalten, definiert und in "calculative" und "attitudinal" Commitment unterschieden (Cullen, Johnson, & Sakano, 2000). Dabei liegt "calculative commitment" vor, wenn ein Unternehmen eine Strategische Allianz eingeht, um Wettbewerbsfähigkeit und Rentabilität zu steigern. Voraussetzungen, um sich zu engagieren, sind positive Erwartungen bezüglich der potentiellen Allianzgewinne und eine positive Nutzen-Kosten-Analyse. Wenn die kooperierenden Unternehmen ein hohes Engagement für die Strategische Allianz zeigen, weil sie sich mit ihr identifizieren können und stolz auf die Zusammenarbeit sind, wird von "attitudinal commitment" gesprochen. In diesem Fall sind die Partner bereit über vertragliche Vereinbarungen hinaus Leistungen zu erbringen und kurzfristige Risiken einzugehen, um langfristige Wettbewerbsvorteile zu realisieren (Madhok, 1995; Cullen, Johnson, & Sakano, 2000). Ein hohes "commitment" ist insbesondere in Situationen erfolgskritisch, wenn die kooperierenden Unternehmen Einigkeit über die genauen Erwartungen der Strategischen Allianz erzielt haben, aber noch unklar ist, wie diese konkret erreicht werden sollen (Kale & Singh, 2009). In Situationen mit hoher Unsicherheit ist es daher von großer Bedeutung, dass nicht nur Komplementarität und Kompatibilität potentieller Partner, sonder vor allem auch die Zustimmung eines Partners eine entschiedene Rolle bei der Auswahl spielen.

Die Suche nach geeigneten Partnern

Ein Hauptproblem bei der Planung von Strategischen Allianzen ist die Suche nach einem adäquaten Partner, da der Markt für potentielle Partner intransparent ist. Hauptziel im Suchprozess ist die Erstellung einer sog. "short-list" (Chan & Harget, 1993, S. 21). Mit Hilfe dieser Liste wird eine engere Auswahl von potentiellen Partner-Unternehmen identifiziert und auf dieser Grundlage wird eine Auswahl getroffen.

Dabei kann zwischen einer systematischen und pragmatischen Partnersuche unterschieden werden:

- **Systematische Partnersuche**

Bei der systematischen Partnersuche wird im ersten Schritt ein Soll-Profil für potentielle Partner erarbeitet. Das Soll-Profil enthält Kriterien für die Beschreibung eines optimalen Partners, die erlauben, für die Strategische Allianz geeignete Unternehmen zu ermittel und zu klassifizieren. Ein Vergleich des eigenen Profils mit dem Profil des möglichen Partners gibt dabei Anhaltspunkte für mögliche Synergie- und Skalenpotentiale (Fontanari, 1996, S. 194f). Ausgangspunkt für die eigentliche Suche ist das Soll-Profil. Bei der eigentliche Suche stehen Unternehmen diverse Informationsquellen zur Verfügung. Die Recherche der benötigten Informationen kann dabei im Unternehmen intern durchgeführt werden (bspw. durch die Informationssammlung in Fachzeitschriften, auf Internetseiten oder durch das Hinzuziehen von Wirtschaftsverbänden). Neben den eigenen Recherchekapazitäten stehen auch externe Informationsquellen wie Beratungsunternehmen und Geschäfts- oder Investmentbanken zur Verfügung (Fontanari, 1996, S. 196). In der Wirtschaftspraxis haben viele Unternehmen eigene Abteilungen mit erfahrenen Mitarbeitern gebildet, die sich auf die Suche, Bewertung und Auswahl von potentiellen Partnern für eine Strategische Allianz spezialisiert haben (Dyer & Singh, 1998, S. 668).

- **Pragmatische Partnersuche**

Im Gegensatz zur systematischen Partnersuche basiert bei der pragmatischen Vorgehensweise die Suche auf vorhandenen Informationen aus bereits bestehenden Geschäftsbeziehungen, persönlichen Beziehungen von Vorständen und Managern oder aus langjähriger Beobachtung von Wettbewerbern. Vorteilhaft ist diese Vorgehensweise aufgrund der relativ hohen Effizienz und dem begrenzten Risiko, da bereits verlässliche Informationen über den potentiellen Partner vorliegen und ein gewisses Vertrauensverhältnis bereits besteht (Madhok, 1995; Shah & Swaminathan, 2008). Bei der systematischen Vorgehensweise muss das suchende Unternehmen Zeit und Geld investieren, um einen adäquaten Partner für eine Strategische Allianz zu finden. Prinzipiell erscheint es sinnvoll, diesen Suchaufwand vorher in Kauf zu nehmen, um im Nachhinein die möglichen Kosten durch opportunistisches Verhalten in Form von Nachverhandlungen oder Rechtskonflikten zu vermeiden bzw. zu begrenzen (Eisele, 1995). In der Wirtschaftspraxis basieren allerdings viele Strategischen Allianzen auf persönlichen Beziehungen, zufälligen Treffen oder früheren Erfahrungen mit dem Geschäftspartner (Dacin, Hitt, & Levitas, 2001). Wenn bereits positive Erfahrungen in der Zusammenarbeit mit einem Unternehmen gemacht wurden, so ist die Wahrscheinlichkeit groß, dass die kooperierenden Unternehmen wieder Zusammenarbeiten (Dyer & Singh, 1998). Unternehmen die eine zentrale Position in einem weiten Beziehungsnetzwerk haben, können schneller und mit geringerem Aufwand potentielle Partner für eine Strategische Allianz identifizieren. Ihre zentrale Position ermöglicht ihnen einen guten Zugang zu verlässlichen Informationen über mögliche Partner. Sie können bspw. auf Informationen von Unternehmen zurückgreifen, die bereits Geschäftserfahrungen mit dem potentiellen Allianzpartner gemacht haben (Dyer & Singh, 1998).

Die Evaluation von möglichen Partnern

Der abschließende Teil der Partnersuche ist die Bewertung der potentiellen Partner für eine Strategische Allianz. Die Bewertung erfolgt dabei auf Grundlage des erarbeiteten Soll-Profils (Kraege, 1997). Dazu bieten sich Punktbewertungsverfahren bzw. Scoring[18]-Modelle an. Die verwendeten Kriterien zur Bewertung von Strategischen Allianzen können in verschiedene Kategorien wie vorläufige kooperative Kompatibilität, vorläufige Geschäftskompatibilität und vorläufige Synergie-Potenziale unterteilt werden (Chan & Harget, 1993, S. 24f). Kriterien zur Bewertung von potentiellen Partnern sind bspw. finanzielle Situation, technologische Kompetenzen, Managementerfahrung, IT-Systeme, etc. (Fontanari, 1996). Nach der Bewertung der Unternehmen auf Grundlage der gewählten Kriterien wird ein Ranking der potentiellen Partner erstellt, mit denen Vorverhandlungen aufgenommen werden sollen. Die endgültige Partnerauswahl sollte erst nach entsprechenden Vorverhandlungen erfolgen. Ein differenziertes Urteil über die Kompatibilität und die Motive kann sich erst durch intensivere Gespräche und Beratungen ergeben. Erste persönliche Vorgespräche dienen zudem dem Aufbau von gegenseitigem Vertrauen und Zustimmung (Fontanari, 1996).

3.1.3 Verhandlung und Strukturierung

Nachdem ein adäquater Partner für eine Strategische Allianz identifiziert wurde, steht in der dritten Phase die Verhandlung zwischen den kooperierenden Unternehmen und die Strukturierung der Strategischen Allianz im Vordergrund (Das & Teng, 1997). Das Hauptziel dieser Phase ist es ein adäquates formales Rechts-, Vertrags- und Strukturgefüge für die Strategische Allianz festzulegen (Bronder & Pritzl, 1992). Die Partnerunternehmen führen zum ersten Mal ernsthafte Verhandlungen, um gemeinsam die Struktur der Strategischen Allianz, insbesondere Beteiligungs- und Besitzverhältnisse und Vertragsinhalte, festzulegen (Kraege, 1997, S. 95). In der Wirtschaftspraxis kommt es in der Regel selten vor, dass nach der ersten Verhandlungsrunde eine beidseitige und vollständige Einigkeit erzielt wird. Dies hängt zum einen mit Informationsasymmetrien und zum andren mit der Unsicherheit bezüglich der tatsächlichen Motive der Unternehmen zusammen (Fontanari, 1996). Zwei wichtige Merkmale von erfolgreichen Strategischen Allianzen sind Flexibilität und Unabhängigkeit. Bei der Strukturierung sollte deshalb darauf geachtet werden, dass der Strategischen Allianz eine eigene Identität (d.h. eigener Präsident, eigene strategische Geschäftsbereiche, eigenes Kontrollgremium, etc.) und eine gewisse Unabhängigkeit (d.h. autonome Entscheidungsfähigkeit, autonome operative Geschäftsverantwortung, autonome Konfliktlösungskompetenz, etc.) eingeräumt wird (Bleeke & Ernst, 1991). Dabei wird nicht nur die Leistungs- und Wettbewerbsfähigkeit der Strategischen Allianz erhöht, sondern auch die Anpassungs- und Überlebensfähigkeit für die Zukunft gefördert (Kale & Singh, 2009).

---

[18] Verfahren zur Bewertung von Alternativen, wobei Alternativen auch an solchen Bewertungskriterien gemessen werden, die nicht in Geldeinheiten ausdrückbar sind. Berücksichtigt werden bei der Nutzwertanalyse z.B. technische, psychologische und soziale Bewertungskriterien, die sich an quantitativen und qualitativen Merkmalen orientieren

Das Festlegen von Verhandlungs- und Vertragsbestandteilen

Ein wichtiger Aspekt bei der Gestaltung und Strukturierung ist die Entwicklung der Strategischen Allianz. Die zu Beginn festgelegten Regelungen können im Verlauf der gemeinsamen Zusammenarbeit großen Veränderungen ausgesetzt sein und in Folge dessen nicht mehr von Nutzen sein. Wichtig ist daher, dass die Vereinbarungen genügend Flexibilität beinhalten, um zukünftige Entwicklungen zu berücksichtigen. Zudem sollten sie die Balance zwischen den kooperierenden Unternehmen berücksichtigen, um die Stabilität und zukünftige Handlungsfähigkeit der Strategischen Allianz zu gewährleisten (Bleeke & Ernst, 1995; Das & Teng, 1997). Im Folgenden werden einige essentielle Verhandlungs- und Vertragselemente näher erläutert:

- *Formulierung der Allianz-Ziele*

Idealerweise sollte am Anfang der Verhandlung klare Ziele für die Strategische Allianz formuliert werden. Die ursprünglich getrennt voneinander entwickelten Strategien und Ziele müssen in Einklang mit dem gemeinsamen Zweck der Strategischen Allianz gebracht werden, um Zielkonflikte zwischen den kooperierenden Unternehmen zu vermeiden. Neben den gemeinsamen Allianz-Zielen haben die Partner auch Motive und Erwartungen, die nicht identisch sind (Child, Faulkner, & Tallman, 2005). Die Bedeutung der strategischen Kompatibilität der Unternehmen wurde bereits in Abschnitt 3.1.2 eingehend erläutert.

- *Festlegung der Allianz-Struktur*

Hier steht die Festlegung der Rechtsform, der Beteiligungs- und Eigentumsverhältnisse und der geplanten Dauer der Strategischen Allianz im Vordergrund (Das & Teng, 1997). Die kooperierenden Unternehmen können durch eine effektive Gestaltung der Allianz-Struktur den Erfolg der Zusammenarbeit wesentlich beeinflussen (Kale & Singh, 2009). Um eine Entscheidung über eine geeignete Allianz-Struktur zu treffen, sollten die Bedürfnisse der Unternehmen und die Vor- und Nachteile von *"Contractual"* - und *"Equity"*-Allianzen berücksichtigt werden. Die Vereinbarungen bestimmen die Bindungsintensität innerhalb der Strategischen Allianz (Das & Teng, 1999). Die möglichen Typen von Strategischen Allianzen zwischen Unternehmen wurden bereits in Abschnitt 2.1.2 vorgestellt.

Bei einer "Contractual"-Allianz teilen sich die kooperierenden Unternehmen Kosten, Risiken und Gewinne, ohne dass die Gründung eines neuen Unternehmens stattfindet. Somit basiert eine Contractual-Allianz lediglich auf einer vertraglichen Vereinbarung. Ein wichtiger Vorteil von Contractual-Allianzen ist die hohe Flexibilität im Vergleich zu anderen Koordinationsformen wie Equity-Allianzen, Fusionen und Übernahmen. Besonders in einem dynamischen

Wettbewerbsumfeld ist Flexibilität ein wichtiger Faktor für den Erfolg von Strategischen Allianzen (Bleeke & Ernst, 1995; Das & Teng, 1999).

Die kooperierenden Unternehmen in einer Strategischen Allianz können Projekte umsetzen, ohne alle benötigten Ressourcen (bspw. Kapital, Technologie, Personal, etc.) selbst aufbringen zu müssen. Im Gegensatz zu hierarchischen Koordinationsformen wie M&A[19] können Partner eine Strategische Allianz kurzfristig beenden, wenn ihre Erwartungen nicht erfüllt werden und die Zusammenarbeit nicht einwandfrei funktioniert (Das & Teng, 1999).

Die Contractual-Allianzen werden in der Literatur wegen ihrer relativ hohen Flexibilität kritisiert, weil sie häufig zu wenige Details über die Art und Weise der Zusammenarbeit enthalten und unter dem mangelnden Engagement der kooperierenden Unternehmen leiden (Das & Teng, 2000). Zudem sind sie im Vergleich zu Equity-Allianzen riskanter, weil sich die Partner opportunistisch verhalten und die Strategische Allianz ohne großen Aufwand kündigen können (Gulati, 1995). Deshalb ist es notwendig ausführliche Vertragsbestimmungen für kritische Situationen festzulegen. Die Rechte und Pflichten der kooperierenden Unternehmen sollten klar definiert werden. Besonders klare Regelungen für die Rechte zum Schutz an geistigem Eigentum und die Konkretisierung von Maßnahmen bei Verstößen in Bezug auf die Beendigung der Strategischen Allianz können die Effektivität einer Contractual-Allianz steigern (Kale & Singh, 2009, S. 49). Ein hohes Maß an Vertrauen und Zustimmung ist bei dieser Form der Zusammenarbeit ein kritischer Faktor für den Erfolg der Strategischen Allianz (Madhok, 1995; Das & Teng, 1997; Kale & Singh, 2009).

Im Gegensatz zu einer Contractual-Allianz, wird bei einer Equity-Allianz von zwei oder mehreren Unternehmen ein rechtlich selbstständiges Gemeinschaftsunternehmen (Joint Venture) gegründet, an dem alle kooperierenden Unternehmen das finanzielle Risiko und die Führungsverantwortung gemeinsam tragen (Das & Teng, 1997; Kraege, 1997). Bei einer Equity-Allianz bzw. Equity-Joint Venture kann sowohl eine paritätische Beteiligung der kooperierenden Unternehmen als auch eine Mehrheits- oder Minderheitsbeteiligung vorliegen (Yoshino & Rangan, 1995). Die Equity-Allianz ist die Strategische Allianz mit der höchsten Bindungsintensität (Das & Teng, 1999). Aufgrund der hohen wechselseitigen Bindung ist die Auflösung der Strategischen Allianz- bspw. aus Zeit- und Kostengründen- für die Partner ineffizient. Die kooperierenden Unternehmen werden sich demnach auch in Situationen mit hohem Konfliktpotential bemühen einen Kompromiss zu schließen, um den Bestand der Strategischen Allianz zu sichern (Fontanari, 1996). Opportunistisches Verhalten kann bestraft werden, da die Beziehung durch Kapitalbeteiligungen gesichert ist und nicht kurzfristig aufgelöst werden kann (Gulati, 1995; Das & Teng, 1999; Kale & Singh, 2009). Mögliche Sanktionen sind bspw. der Verlust der Geschäftsbeziehung mit dem Kooperationspartner, der Verlust von finanziellen Mitteln bei Auflösung der Strategischen Allianz oder die Verschlechte-

---

[19] Die Bezeichnung Mergers and Acquisitions (M&A) bzw. Fusion von Unternehmen und Erwerb von Unternehmensanteilen - steht für alle Vorgänge im Zusammenhang mit der Übertragung und Belastung von Eigentumsrechten an Unternehmen einschließlich der Konzernbildung, der Umstrukturierung von Konzernen, der Verschmelzung und Umwandlung im Rechtssinne, dem Squeeze Out, der Finanzierung des Unternehmenserwerbs, der Gründung von Gemeinschaftsunternehmen sowie der Übernahme von Unternehmen

rung der Reputation (Gulati, 1995, S. 93). Die enge Zusammenarbeit fördert zudem das Vertrauen zwischen den kooperierenden Unternehmen und steigert die Zustimmung für die Strategische Allianz (Das & Teng, 1997, S. 55). Wenn sich die Allianzpartner dazu entscheiden ihre Geschäftsprozesse zu integrieren und ihre Kontrollsysteme zu zentralisieren, wird zudem die Steuerung und Kontrolle der gemeinsamen Aktivitäten verbessert. Bei operativen Tätigkeiten kann dann das Verhalten des Partners direkt beobachtet und beurteilt werden (Das & Teng, 1998; 2001).

In Equity-Allianzen hängt der Gewinnanteil der kooperierenden Unternehmen von der Höhe ihrer Kapitalbeteiligung ab. Dies stellt eine Motivation für die beteiligten Unternehmen dar, sich mehr zu engagieren und intensiver zu kooperieren, um die Allianz-Gewinne zu steigern. Zudem reduziert eine Kapitalbeteiligung die Gefahr von opportunistischem Verhalten, weil die Unternehmen den Verlust ihrer eingebrachten Investitionen befürchten (Kale & Singh, 2009, S. 48). Dabei sind Equity-Allianzen mit einer paritätischen Beteiligung erfolgreicher wie Equity-Allianzen, bei denen ein Partner eine Mehrheitsbeteiligung hält (Bleeke & Ernst, 1991, S. 133). Bei einer Mehrheitsbeteiligung neigt der Partner zur Dominanz bei Entscheidungen und stellt seine eigenen Interesse über die des Partners und die gemeinsamen Interessen der Strategischen Allianz. Bei einem Gleichgewicht der Beteiligungen ist jeder der kooperierenden Partner stärker am Erfolg des anderen interessiert (Bleeke & Ernst, 1991).

Ein weiterer wichtiger Aspekt ist das Risiko der Umweltdynamik. Die Anpassung der Equity-Allianzen an veränderte Umweltbedingungen wird durch eine feste rechtliche Struktur erschwert (Das & Teng, 2001). Deshalb ist es wichtig, dass die kooperierenden Unternehmen bereits zu Beginn der Strategischen Allianz über eine Exit-Strategie für die Auflösung der Zusammenarbeit verfügen (Boston Consulting Group, 2005). Eine mögliche Option ist die einseitige Übernahme durch einen der Partner als Anpassungsmaßnahme, die im Allianz-Vertrag berücksichtigt werden kann (Fontanari, 1996, S. 224).

Für den Erfolg von Strategischen Allianzen sind Kontrolle und Eigentumsverhältnisse nicht entscheidend. Die Kontrolle der Strategischen Allianz durch einen der Partner führt nicht zwingend zu besseren Ergebnissen. Kontrolle ist der letzte Ausweg, wenn alle anderen Maßnahmen fehlgeschlagen sind (Ohmae, 1989). Bei Strategischen Allianzen sind das gegenseitige Vertrauen und die Zustimmung für eine erfolgreiche Zusammenarbeit oft von größerer Bedeutung, weil die gemeinsame Motivation detaillierte Regelungen in Verträgen unnötig machen kann.

„...all want 51%. That's the magic number because it ensures majority position and control over personnel, brand decision, and investment choices. But good partnerships, like good marriages, don't work on the basis of ownership or control. It takes effort and commitment and enthusiasm from both sides if either is to realize the hoped-for benefits. You cannot own a successful partner any more than you can own a husband or a wife" (Ohmae, 1989, S. 148).

- *Einzubringende Ressourcen und Aufgabenverteilung*

Unter diesem Punkt wird festgelegt, welche Partner welche Ressourcen in die Strategische Allianz einbringt. Hierbei wird zwischen materiellen (z.B. Produktionsanlagen), immateriellen (z.B. Technologie, Patente, technisches Know-how), personellen und finanziellen Ressourcen unterschieden (Fontanari, 1996, S. 224; Bamford, Ernst, & Fubini, 2004, S. 92). Die Bedeutung von komplementären Ressourcen wurde bereits in Abschnitt 3.1.2 eingehend erläutert. Nachdem Art und Umfang der einzubringenden Ressourcen bestimmt sind, muss festgelegt werden, welches Unternehmen welche strategischen und operativen Teilaufgaben übernimmt (Reuer & Arino, 2007). Dabei sollte jedes Unternehmen die Aufgaben übernehmen, die es durch vorhandene Stärken am besten erfüllen kann (Bamford, Gomes-Casseres, & Robinson, 2004). Eine klare Aufgabenverteilung und Abgrenzung der Verantwortung reduziert die Komplexität der gemeinsamen Aktivitäten und das Konfliktpotential zwischen den kooperierenden Unternehmen (Jiang, Li, & Gao, 2008).

- *Festlegen des Management*

Hierbei ist zu berücksichtigen, dass die Qualität der Manager einer Strategischen Allianz einen deutlich positiven Effekt auf den Erfolg hat. Die Qualität der Manager wird dabei an ihrer Qualifikation und Motivation gemessen (Eisele, 1995). In der Wirtschaftspraxis hat sich in vielen Fällen der Vorteil eines erfahrenen Manager als Koordinations- und Führungsinstanz für die Betreuung der Strategischen Allianz erwiesen (Bronder & Pritzl, 1992). Aber nicht nur die Qualität des Managements ist erfolgskritisch, sondern auch die Erfahrung und Motivation der Mitarbeiter auf operativer Ebene der Zusammenarbeit (Eisele, 1995).

- *Verteilung der Allianz-Gewinne*

Im Rahmen der Verhandlungen sollte auch festgelegt werden, wie zukünftige Gewinne der Zusammenarbeit verteilt werden, um unnötige Rechtsstreitigkeiten oder Konflikte in der Zukunft zu vermieden (Kraege, 1997; Reuer & Arino, 2007). Bei Equity-Allianzen erfolgt die Verteilung auf Grundlage der jeweiligen Kapitalbeteiligung und bei Contractual-Allianzen nach klaren festgelegten Vertragsklauseln (Kale & Singh, 2009).

- *Regelungen zur Beendigung der Allianz*

Im Vertrag dürfen Bestimmungen über die Beendigung der Strategischen Allianz nicht fehlen. Mögliche Gründe für die Beendigung sind bspw. Vertragsablauf, außerordentliche Kündigung oder das Erreichen der gesetzten Ziele (Reuer & Arino, 2004). Bei schwerwiegenden Konflikten können diese Regelungen den kooperierenden Unternehmen helfen sich zu minimalen Transaktionskosten zu trennen (Fontanari, 1996). Es sollte auch das Vorgehen bei einer Auflösung (z.b. einseitige Übernahme, Verwendung der Sachwerte oder Aufteilung der Liquiditätserlöse) der Strategischen Allianz verhandelt werden (Reuer & Arino, 2004).

Die Vertragsgestaltung

Eine effektive Vertragsgestaltung kann die Risiken, mit denen Strategische Allianzen verbunden sind, verringern. Im Allianz-Vertrag werden die Rechte und Pflichten der kooperierenden Unternehmen klar festgelegt. Der Allianz-Vertrag enthält u.a. Regelungen über die eingebrachten Ressourcen, die Prozesse des Ressourcenaustauschs, den Umgang mit Konfliktsituationen und die erwarteten Werte oder Leistungen der Strategischen Allianz (Reuer & Arino, 2007, S. 315). Ein gut verfasster Allianz-Vertrag steht im Einklang mit dem Zweck der Allianz und den Interessen der kooperierenden Unternehmen (Reuer & Arino, 2004).

Zudem können Allianz-Verträge folgende Klauseln enthalten (Kale & Singh, 2009, S. 49):

- *Vertragsstrafen (z.B. bei Überschreitung von Fertigstellungsterminen)*
- *Geheimhaltungsvereinbarungen (z.B. zur Verhinderung missbräuchlicher Verwendung von Informationen)*
- *Regelungen zum Schutz am geistigen Eigentum (z.B. zum Schutz vor Produktpiraterie)*
- *lange Kündigungsfristen (z.B. zur Vermeidung eines opportunistischen Ausstiegs aus der Zusammenarbeit)*

Doch selbst bei sehr sorgfältiger Planung und Verhandlung wird es nicht möglich sein, alle denkbaren Konfliktsituationen und Risiken vorab vertraglich zu regeln. Die kooperierenden Unternehmen müssen dabei berücksichtigen, dass sich die Umwelt- und Wettbewerbsbedingungen (bspw. technologische Entwicklung, Marktbedingungen oder Kundenpräferenzen) und ihre Strategien und Ziele im Laufe der Zeit verändern. Um auf diese Veränderungen schnell reagieren zu können, ist ein flexibles Arrangement notwendig (Bamford, Gomes-Casseres, & Robinson, 2004). Zudem steigen die Kosten der Vertragsverhandlung, Vertragsüberwachung und Vertragsdurchsetzung mit zunehmender Komplexität des Vertrags (Reuer & Arino, 2007, S. 315). Dennoch dürften die kooperierenden Unternehmen an einem hohen Detaillierungsgrad interessiert sein, um sich vor opportunistischem Verhalten des Partners und den daraus resultierenden Folgen zu schützen. In dieser Situation haben das gegenseitige Vertrauen und die Zustimmung eine hohe Bedeutung und Einfluss auf die Vertragsgestaltung (Das & Teng, 1998).

3.1.4 Management und Kontrolle

Nachdem ein Allianzpartner ausgewählt und die Strukturen verhandelt sind, ist der nächste Schritt die Implementierung der Allianz-Einheit in die Organisationen der kooperierenden

Unternehmen. Die personelle Ausstattung des Bündnisses und andere Personalmanagement-Bereiche können einen erheblichen Einfluss auf die Leistungsfähigkeit der Strategischen Allianz haben (Das & Teng, 1997, S. 56). Die Implementierungsphase wir dabei gekennzeichnet durch die Festlegung von Meilensteinen, die Verteilung von Aufgaben und Verantwortungen auf die einzelnen Partner, die Zuordnung von Ressourcen zu den einzelnen Aufgaben, die Einrichtung von Management- und Kontrollmechanismen und die Schaffung eines Konfliktmanagementsystems (Kraege, 1997, S. 100).

Ein kritischer Aspekt ist die Frage der Führungsverantwortung und Kontrolle der Strategischen Allianz. Durch die Besetzung von Schlüsselpositionen innerhalb der Strategischen Allianz erhält das jeweilige Unternehmen die Kontrolle über das Management der Zusammenarbeit (Das & Teng, 1997). Da Strategische Allianzen im wesentlichen Hybrid-Organisationen sind, die Ressourcen und Fähigkeiten kombinieren, könnte die zu dominante Stellung eines Partners, die anderen Partner in ihrer Zustimmung zur Zusammenarbeit entmutigen. Als Konsequenz könnte das Engagement des Partners zurück gehen. Ein angemessenes Gleichgewicht der Kontrolle, das die Beteiligung in der Strategischen Allianz positiv fördert, ist erstrebenswerter, wobei gegenseitiges Vertrauen und die soziale Kompetenz der kooperierenden Unternehmen als Ersatz für Kontrolle dienen können (Das & Teng, 1997, S. 56).

Die Kenntnisse über effektives Management und Erfolgsfaktoren von Strategischen Allianzen sind unabdingbar, um die Risiken oder die Gefahren eines Misserfolgs zu reduzieren. Im folgenden werden, auf Basis der gesichteten Literatur, wichtige Aspekte der Implementierungsphase von Strategischen Allianzen näher betrachtet.

Die Kontrollmechanismen

In Strategischen Allianzen ist Kontrolle das Bemühen sicherzustellen, dass die kooperierenden Unternehmen entsprechend der zuvor festgelegten Strategien und Ziele handeln (Das & Teng, 2001; Child, Faulkner, & Tallman, 2005). Kontrolle in Strategischen Allianzen ist als wesentliches Element anerkannt und kann durch Führungsstrukturen, vertragliche Spezifikationen, Verwaltungsregelungen und andere eher informelle Mechanismen erreicht werden. Dabei gibt es zwei Ausprägungen der Kontrolle: Kontrolle über den Partner oder Kontrolle über die Strategische Allianz selbst (Das & Teng, 2001, S. 258). Aufgrund der hohen Komplexität des Managements von Strategischen Allianzen, kann effektive Kontrolle die Koordination und das gegenseitige Lernen erleichtern und wird dadurch für die Leistungsfähigkeit der Strategischen Allianz wichtig (Das & Teng, 2001; Child, Faulkner, & Tallman, 2005). Besonders im Zusammenhang mit Schlüsseltechnologien und Kernkompetenzen, die die kooperierenden Unternehmen in die Strategische Allianz einbringen, ist effektive Kontrolle ein kritischer Faktor, da die Gefahr besteht, sie an den Wettbewerber zu verlieren. Diese Ressourcen sind unter normalen Wettbewerbsbedingungen proprietär[20], einzigartig und schwer zu imitieren (Child, Faulkner, & Tallman, 2005).

---

[20] Im juristischen Sinne ist der Begriff „proprietär" gleichbedeutend mit „urheberrechtlich geschützt".

Kontrolle lässt sich in formale und informale Kontrolle unterteilen (Das & Teng, 2001, S. 259). Die formale bzw. objektive Kontrolle bezieht sich auf den Aufbau und Nutzen von formalen Regeln, Verfahren und Richtlinien zum Überwachen und Belohnen von Leistungen und Verhaltensweisen. Dabei kann formale Kontrolle in Verhaltens- und Ergebniskontrolle unterteilt werden. Verhaltenskontrolle stellt dabei sicher, dass die Prozesse geeignet sind, während Ergebniskontrolle sich auf genaue und zuverlässige Bewertungen von Mitgliederleistungen verlässt (Das & Teng, 2001).

Die informale bzw. normative Kontrolle bezieht sich auf die Schaffung gemeinsamer Werte, Normen, Kulturen sowie die Verinnerlichung der gemeinsamen Ziele. Der Schwerpunkt liegt auf der Entwicklung gemeinsamer Werte, Überzeugungen und Ziele unter den Mitgliedern, so dass entsprechende Verhaltensweisen verstärkt und belohnt werden. Da die Mitglieder die organisatorischen Ziele verinnerlichen, wird ihr Engagement und die Motivation zur Erreichung dieser Ziele hoch sein (Das & Teng, 2001).

- *Führungskonzepte von Strategischen Allianzen*

In der Literatur wird die Führung von Strategischen Allianzen in drei Konzepte unterschieden (Killing, 1982, S. 121f; 1983, S. 16ff; Bleeke, Bull-Larsen, & Ernst, 1992, S. 38ff):

Dominant-, Independent- und Shared-Management-Allianzen.

Bei einer *"Dominant-Management-Allianz"* wird die Management- und Führungsverantwortung auf einen einzigen Kooperationspartner übertragen. Dabei werden sowohl strategische als auch operative Entscheidungen innerhalb der Strategischen Allianz durch Führungskräfte des dominierenden Partners getroffen. Der dominierende Partner besetzt viele Schlüsselpositionen in der Strategischen Allianz mit eigenen Mitarbeitern, um möglichst viel Einfluss und Kontrolle ausüben zu können (Holtbrügge, 2005). Die kooperierenden Unternehmen konkurrieren häufig um den Posten der Geschäftsführung in der Strategischen Allianz, um mehr Managementkontrolle ausüben zu können (Das & Teng, 1997, S. 56). Die Annahmen zu asymmetrischen Leitungsstrukturen in der Literatur sind nicht einheitlich. Eine Annahme ist, dass solche asymmetrischen Leistungsstrukturen in einer Strategischen Allianz eine hohe Stabilität und Effizienz aufweisen, da sie eine flexible und schnelle Entscheidungsfindung ermöglichen. "Dominant-Management-Allianzen" verhindern destruktive Pattsituationen und erlauben schnellere Konfliktlösungen (Killing, 1983). Im Gegensatz dazu ist eine weitere Annahme, dass eine einseitige Kontrolle den Erfolg der Strategischen Allianz negativ beeinflusst. Wenn nur eines der Unternehmen die Strategische Allianz dominiert, kann es dazu führen, dass sich andere Unternehmen weniger um den gemeinsamen Erfolg bemühen, da Dominanz eine Demotivation verursacht (Das & Teng, 1997). Zudem kann eine zu starke Dominanz durch ein Unternehmen die Qualität der Beziehung zwischen den kooperierenden Unternehmen beeinträchtigen (Child, Faulkner, & Tallman, 2005).

Bei einer *"Independent-Management-Allianz"* ist die Einflussnahme der Muttergesellschaften sehr gering. Der Geschäftsführung der Strategischen Allianz wird ein Höchstmaß an Autonomie gewährt (Brouthers, Brouthers, & Harris, 1997). Die Vorteile dieses Führungskonzepts sind, dass einerseits ein sehr geringes Konfliktpotential besteht und andererseits eine kurze Entscheidungsfindung ermöglicht wird (Eisele, 1995).

Eine *"Shared-Management-Allianz"* ist durch eine gleichberechtigte und gleichgewichtige Beteiligung der kooperierenden Unternehmen in den Leitungsorganen der Strategischen Allianz gekennzeichnet. Die Vorteile bei dieser Leitungsstruktur sind, dass das Verständnis und Vertrauen zwischen den kooperierenden Unternehmen verbessert und das gegenseitige Lernen gefördert wird (Holtbrügge, 2005). Insbesondere bei Strategischen Allianzen, die einen Zugang zu Ressourcen und Kernkompetenzen der kooperierenden Unternehmen voraussetzen, ist dieses Führungskonzept ein wichtiger Erfolgsfaktor (Bleeke & Ernst, 1994). Strategische Allianzen mit symmetrischen Leitungsstrukturen sind jedoch häufig zeitaufwendiger, inflexibler und konfliktintensiver (Holtbrügge, 2005). Da beide kooperierenden Unternehmen die Führungsverantwortung übernehmen, müssen Entscheidungen untereinander abgestimmt und Meinungsverschiedenheiten beigelegt werden. Der Prozess der Entscheidungs- und Konsensfindung kann hierbei sehr zeitaufwendig werden (Brouthers, Brouthers, & Harris, 1997).

In der Literatur sind empirische Befunde zur Erfolgswirkung der verschiedenen Führungskonzepte nicht einheitlich. Eine Untersuchung ergab, dass die von nur einem Unternehmen dominierten Strategischen Allianzen erfolgreicher sind als Zusammenschlüsse mit geteilter Führungsverantwortung. Als Hauptgrund werden niedrigere Koordinationskosten genannt (Killing, 1983). Eine andere Untersuchung kommt im Gegensatz zu dem Ergebnis, dass Strategische Allianzen mit geteilter Verantwortung und Führung erfolgreicher sind als einseitig dominierte Bündnisse. Als Hauptgründe werden hierbei das beidseitige Interesse am gemeinsamen Erfolg und das bessere Vertrauensverhältnis zwischen den kooperierenden Unternehmen angeführt (Bleeke, Bull-Larsen, & Ernst, 1992). Der zweite Befund wird zudem bestätigt durch die Annahme, dass Strategische Allianzen insbesondere dann erfolgreich sind, wenn dem Management der Strategischen Allianz ein hohes Maß an operativer Autonomie gewährt wird (Eisele, 1995). Die Ergebnisse der genannten Untersuchungen stehen im starken Gegensatz, dennoch ist der große Zeitunterschied zu berücksichtigen. Die Umweltbedingungen und externen Einflüsse haben sich im Zeitverlauf stark verändert. Bedingt durch diese Veränderungen in der Unternehmensumwelt, kann sich die Erfolgswirksamkeit der verschiedenen Führungskonzepte bei unterschiedlichen Bedingungen verschieben.

- *Fokussierung der Einflussnahme*

Eine Einflussnahme der Muttergesellschaften erstreckt sich nicht immer auf die gesamte Strategische Allianz, sondern häufig nur auf erfolgskritisch angesehene spezifische Geschäftsbereiche, Entscheidungen oder Prozesse (Kraege, 1997). In der Literatur wird aufgezeigt, dass die Muttergesellschaften zu einer gezielten Steuerung und Einflussnahme auf wichtige strategische Tätigkeiten, anstatt auf die Strategische Allianz insgesamt, tendieren (Child, Faulkner, & Tallman, 2005). Die in der Literatur genannten Implikationen bezüglich der Fokussierung von Kontrolle durch die Muttergesellschaften sind, dass es am effektivsten ist die Kontrolle und Einflussnahme auf besonders kritische Tätigkeiten zu beschränken. Hierbei sollte jedes der kooperierenden Unternehmen die strategischen Bereiche steuern und kontrollieren, in denen seine Stärken liegen (Child, Faulkner, & Tallman, 2005).

Das Vertrauen und relationales Kapital

In den verschiedenen Managementphasen hat Vertrauen eine unterschiedliche Wirkung auf den Erfolg von Strategischen Allianzen. Zum einen wird der Informationsaustausch zwischen den kooperierenden Unternehmen verbessert und die Wahrnehmung des relationalen Risikos[21] reduziert (Das & Teng, 1998). Zum anderen wird die Bereitschaft der kooperierenden Unternehmen gefördert, die Strukturen der Strategischen Allianz bei Veränderungen der Unternehmensumwelt und Unternehmensinteressen flexibel anzupassen (Kale & Singh, 2009). Zudem ist Vertrauen von hoher Bedeutung, wenn es darum geht innerhalb der Strategischen Allianz Wissen zu erwerben und den Abfluss eigener Kernkompetenzen zu vermeiden (Kale, Singh, & Perlmutter, 2000).

Beim Eingehen einer Strategischen Allianz entsteht Vertrauen zwischen den Beteiligten aufgrund der engen Zusammenarbeit zwischen den Mitarbeitern der kooperierenden Unternehmen. Dabei wird das gegenseitige Vertrauen, der Respekt und die Beziehungen, die zwischen den Mitarbeitern der kooperierenden Unternehmen entstehen, als relationales Kapital bezeichnet (Kale, Singh, & Perlmutter, 2000, S. 221). Das relationale Kapital ist ein effektiver Mechanismus zum Schutz vor opportunistischem Verhalten und verhindert den Abfluss von Kernkompetenzen an die Wettbewerber. In der Literatur existieren Befunde, die belegen, dass relationales Kapital das Lernen und den Transfer von Informationen und Know-how zwischen den kooperierenden Unternehmen erleichtert (Kale, Singh, & Perlmutter, 2000). Durch ausgeprägtes gegenseitiges Vertrauen zwischen den kooperierenden Unternehmen wird eine höhere Transparenz beim Austausch von Ressourcen und Know-how erreicht (Gulati, 1995). Zudem wird das gegenseitige Lernen durch hohe Transparenz und Offenheit zwischen den Kooperationspartnern verbessert (Kale & Singh, 2009). Bei einer durch Vertrauen gekennzeichneten Strategischen Allianz werden die kooperierenden Unternehmen ihre gegenseitige Verwundbarkeit in der Regel nicht ausnutzen, auch wenn eine Möglichkeit dazu besteht (Kale, Singh, & Perlmutter, 2000).

---

[21] Relationales Risiko entsteht aus der Beziehung der kooperierenden Unternehmen selbst. Dabei beschreibt es die Wahrscheinlichkeit für das Verhalten der kooperierenden Unternehmen im Sinne der Strategischen Allianz. Bei einem geringen relationalen Risiko ist die Wahrscheinlichkeit für ein Kooperationsverhalten im Sinne der gemeinsamen Ziele der Allianz hoch (Das & Teng, 1996, S. 12f)

Das Konfliktmanagement

Während der Implementierungsphase können Konflikte zwischen den kooperierenden Unternehmen sowohl im aufgaben- als auch im interaktionsorientierten Bereich entstehen (Bronder & Pritzl, 1992). Die *"interpartner conflicts"* bezeichnen dabei gegensätzliche Interessen, Präferenzen oder Verhaltensweisen, die innerhalb der Strategischen Allianz nicht einfach in Einklang gebracht werden können (Das & Teng, 2003, S. 291). Diese Konflikte sind komplexe Konstrukte, die durch vielfältige Ursachen hervorgerufen werden können. Konflikte werden bspw. durch Koordinationsprobleme oder starke Formalisierung und Überwachung der Aktivitäten der kooperierenden Unternehmen hervorgerufen (Ring & van de Ven, 1994; Kale, Singh, & Perlmutter, 2000).

Eine mögliche Konfliktursache ist ein strategischer *"Misfit"* zwischen den Kooperationspartnern, d.h. dass ihre Ziele inkompatibel sind. Im Zeitverlauf führt ein Wandel in der Unternehmensumwelt (z.B. Wettbewerbssituation, Markbedingungen, Kundenpräferenzen, etc.) zwangsläufig zu Veränderungen bei den Strategien der kooperierenden Unternehmen. Dadurch wird der beim Vertragsabschluss noch vorhandene strategische Fit gestört und muss eventuell neu verhandelt werden (Bronder & Pritzl, 1992; Das & Teng, 2002). Ein struktureller Misfit führt ebenfalls zu "interpartner-conflicts". Dieser Misfit liegt vor, wenn die kooperierenden Unternehmen sehr unterschiedliche organisatorische Routinen, Technologien und Prozesse verwenden, die sich nicht bzw. kaum miteinander kombinieren lassen. Wenn die Strukturen der Kooperationspartner sehr verschieden sind, wird es schwieriger die gemeinsamen Aktivitäten zu koordinieren und das Konfliktpotential steigt (Das & Teng, 2002). Zudem scheitern viele Strategische Allianzen an kulturellen Konflikten, die auf verschiedene Unternehmens- oder Nationalkulturen zurückzuführen sind (Lorange & Roos, 1992). Die Unterschiede in den Kulturen der Unternehmen äußern sich durch Werte und Normen wie bspw. Mitarbeiter- vs. Aufgabenorientierung, zentraler vs. dezentraler Führungsstil, etc. Im Gegensatz dazu basieren nationale Kulturunterschiede auf spezifischen Kulturdimensionen wie Individualismus vs. Kollektivismus, Konfliktfreudigkeit vs. Konfliktvermeidung etc. (Hofstede, Neuijen, Ohayv, & Sanders, 1990). Eine weitere Ursache für Konflikte zwischen den kooperierenden Unternehmen kann im Wettbewerbsverhältnis der Kooperationspartner liegen. Wenn die Unternehmen in einer Strategischen Allianz mit den selben Produkten in den selben Märkten zu Wettbewerbern werden, sind Interessenskonflikte unvermeidbar (Das & Teng, 2002). Dennoch sind Kooperation und Wettbewerb unverzichtbar für die Stabilität einer Strategischen Allianz. Es ist die Aufgabe des Managements diese beiden Faktoren in ein Gleichgewicht zu bringen. Dabei sollte die Kooperation im operativen Bereichen ausschlaggebend sein, während Wettbewerb vor allem im zwischenbetrieblichen Lernen aktiviert wird (Das & Teng, 1997, S. 58).

Die Folgen von Konflikten reichen von Kommunikationsproblemen, Misstrauen, opportunistischem Verhalten zwischen den kooperierenden Unternehmen bis hin zur vorzeitigen Beendigung der Strategischen Allianz. Da ungelöste Konflikte eine destabilisierende Wirkung auf die Strategische Allianz haben, ist ein effektives Konfliktmanagement von großer Bedeutung (Das & Teng, 2002).

3.1.5 Erfolgsbeurteilung, Anpassung und Beendigung

In der Wirtschaftspraxis ist die Erfolgsbeurteilung von Strategischen Allianzen ein viel diskutiertes Thema. Es ist nicht klar, ob Marktanteile, finanzielle Leistungskennzahlen oder andere Indikatoren für die Beurteilung des Erfolgs einer Strategischen Allianz geeignet sind (Anderson, 1990; Das & Teng, 1997). Das Hauptproblem liegt in der Quantifizierbarkeit der gemeinsamen Ziele der kooperierenden Unternehmen, da sie sich von den Zielen traditioneller Unternehmen sehr unterscheiden (Ernst & Bamford, 2005). Zum Beispiel gehen viele Automobilhersteller eine Strategische Allianz ein, um den Zugang zu wettbewerbsrelevanten Technologien und Fähigkeiten ihrer Kooperationspartner zu erhalten. In diesem Fall ist die Erfolgsbeurteilung anhand von Finanzkennzahlen ungeeignet (Anderson, 1990; Das & Teng, 1997). Die traditionellen Finanzkennzahlen (z.B. Rentabilität, Cash-Flow, etc.) können den Erfolg von Strategischen Allianzen häufig nicht in vollem Umfang widerspiegeln. Da sie die Schaffung anderer Werte wie gegenseitiges Vertrauen oder gegenseitiges "Commitment" nicht berücksichtigen. Finanzkennzahlen alleine werden den Motiven von Strategischen Allianzen zumeist nicht gerecht (Anderson, 1990; Holtbrügge, 2005). Zudem müssen die erbrachten Leistungen einer Strategischen Allianz in gemeinsame und einzelne Erfolge unterschieden werden (Khanna, 1998). Da jedes der kooperierenden Unternehmen häufig individuelle Ziele verfolgt, werden auch unterschiedliche Kriterien zur Erfolgsbeurteilung genutzt (Child, Faulkner, & Tallman, 2005).

Eine angemessene Beurteilung über die Leistung der Strategischen Allianz ist notwendig, um über den Umfang der weiteren Arbeit (z.B. einzubringende Ressourcen) entscheiden zu können (Anderson, 1990). Übertrifft die Leistung der Strategischen Allianz die Erwartungen der kooperierenden Unternehmen, ist es sinnvoll die Zusammenarbeit fortzuführen und zu erweitern, um zukünftig weitere Werte aus der Strategischen Allianz zu generieren. Erfüllt dagegen die Strategische Allianz nicht die Erwartungen, ist es sinnvoll die Zusammenarbeit zu überprüfen, da ansonsten die kooperierenden Unternehmen wahrscheinlich ihr Engagement und ihre Investitionen reduzieren, um zukünftige Risiken zu minimieren (Jiang, Li, & Gao, 2008).

Das Management der Strategischen Allianz muss festlegen, welche Erfolgskriterien in welchem Umfang die Grundlage für rationale Entscheidungen bezüglich Investitionen, Belohnungen etc. bilden (Anderson, 1990). Die Dauer der Zusammenarbeit innerhalb der Strategischen Allianz ist dabei kein effizientes Erfolgskriterium. Eine lange Zusammenarbeit ist nicht unbedingt mit dem Erfolg einer Strategischen Allianz gleichzusetzen. Im Gegenteil kann eine lange Lebensdauer der Strategischen Allianz auch ein Zeichen für den Misserfolg sein, da die gemeinsam festgelegten Ziele der Allianz nicht in der vorgesehenen Zeit erreicht werden konnten (Parkhe, 1991).

Eine Möglichkeit zur Erfolgsbeurteilung von Strategischen Allianzen ist das Input-Output-Kontinuum (s. Abb. 22). Das Modell beinhaltet sowohl traditionelle quantitative Kriterien als auch ergänzende qualitative Kriterien zur Erfolgsmessung (Anderson, 1990; Das & Teng, 1997). Diese qualitativen Kriterien (bspw. Harmonie zwischen den kooperierenden Unternehmen) können für jede Kooperation individuell gestaltet werden, um die spezifische Zielsetzung der Strategischen Allianz zu berücksichtigen (Anderson, 1990; Holtbrügge, 2005).

Input	Zustand der Kooperation:
	• Harmonie zwischen den Partnern
	• Arbeitszufriedenheit
	• Produktivität
langfristige Orientierung	• Zugang zu finanziellen Ressourcen
	• Anpassungsfähigkeit
	• Innovationsfähigkeit
	Lernprozesse:
	• Zugang zu neuen Märkten
	• Zugang zu neuen Technologien
	Marktvariablen:
	• Relative Produktqualität
Output	• Relativer Produktpreis
	Marktbezogene Erfolgskriterien:
	• Marktanteil
kurzfristige Orientierung	• Kundenzufriedenheit
	Finanzielle Erfolgskriterien:
	• Gewinnmarge
	• Cash Flow

Abbildung 22 Erfolgskriterien internationaler Strategischer Allianzen
Quelle: (Anderson, 1990, S. 22)

In diesem Modell sind die Input-Kriterien Determinanten und die Output-Kriterien die Indikatoren des Erfolgs von Strategischen Allianzen. Die Bewertung der Input-Kriterien erfolgt sehr subjektiv, daher ist es wichtig einen Maßstab für das Ausmaß dieser Kriterien festzulegen (Anderson, 1990). Für Kooperationen im Bereich F&E oder Lernallianzen ist es sinnvoll Input-Kriterien für die Erfolgsbeurteilung zu verwenden. Der Output dieser Strategischen Allianzen lässt sich nicht mit Hilfe von kurzfristigen Erfolgskriterien messen, da er mit einer relativ hohen Unsicherheit verbunden ist. Daher ist es am besten den Erfolg beim Erlernen neuer Technologien oder Fähigkeiten anhand von langfristigen Kriterien zu beurteilen, weil dies nur mittel- oder langfristig möglich ist (Anderson, 1990). Im Gegensatz dazu lässt sich der Erfolg von Strategischen Allianzen in reifen Märkten sinnvoller anhand von kurzfristigen Output-Kriterien beurteilen (Holtbrügge, 2005). Durch die Einigung auf bestimmte Kriterien zur Erfolgsbeurteilung kann die Stabilität der Strategischen Allianz beeinflusst werden. Die kooperierenden Unternehmen sollten sich gemeinsam frühzeitig auf geeignete Kriterien festlegen, um Konflikte resultierend aus den Divergenzen bei der Erfolgsbeurteilung zu vermeiden (Das & Teng, 1997).

Bei der Entscheidung über die Zukunft einer Strategischen Allianz stehen den kooperierenden Unternehmen grundsätzlich drei Optionen zur Verfügung:

- *Fortführung der Strategischen Allianz*

Nach einer Bewertung der gemeinsamen Leistung sollte jedes der kooperierenden Unternehmen entscheiden, ob es die bestehende Zusammenarbeit fortsetzen möchte. Generiert die Strategische Allianz erfolgreich Werte in der Zusammenarbeit und besteht weiterhin der Bedarf einer Kooperation, wird der bestehende Vertrag verlängert und die Implementierungsphase fortgesetzt (Das & Teng, 2002).

- *Restrukturierung der Strategischen Allianz*

Die Veränderungen in der Unternehmensumwelt erfordern eine Anpassung von Strategien, Zielen und Strukturen einer Strategischen Allianz (Das & Teng, 1997). Nach einer Bewertung der erzielten Leistung sollte eine Analyse der Ursachen von Verfehlungen oder Abweichungen erfolgen, um den zukünftigen Handlungsbedarf zu identifizieren. Gefolgt von einem strukturierten Diagnoseprozess, indem die möglichen Optionen zur Restrukturierung der Strategischen Allianz erarbeitet werden (Jiang, Li, & Gao, 2008). Anschließend werden die gewählten Maßnahmen innerhalb der Strategischen Allianz durch die kooperierenden Unternehmen gemeinsam umgesetzt (Ernst & Bamford, 2005). Die Umsetzung der Veränderungen innerhalb der Strategischen Allianz ist ein schwieriger aber notwendiger Prozess zum Erhalt der Wettbewerbs- und Leistungsfähigkeit in einem zunehmend dynamischen Wettbewerbsumfeld (Kale & Singh, 2009). Diese Anforderungen an veränderte Situation zu erfüllen, ist ein wichtiger Erfolgsfaktor von Strategischen Allianzen (Bleeke & Ernst, 1991, S. 135).

- *Beendigung der Strategischen Allianz*

Die Beendigung der Zusammenarbeit ist ein natürlicher Abschnitt im Lebenszyklus einer Strategischen Allianz.

"*Most alliances terminate, even successful ones"* (Bleeke & Ernst, 1991, S. 133)

Das Beenden einer Strategischen Allianz bedeutet also nicht zwangsläufig, dass die Zusammenarbeit der kooperierenden Unternehmen gescheitert ist (Inkpen & Beamish, 1997; Jiang, Li, & Gao, 2008). In der Literatur werden folgende wichtige Gründe für die Beendigung von Strategischen Allianzen genannt:

- *Die im Vertag festgelegte Dauer der Strategischen Allianz wurde erreicht und die Kooperationspartner sind nicht an einer weiteren Zusammenarbeit interessiert* (Inkpen & Beamish, 1997).
- *Die von den kooperierenden Unternehmen verfolgten Ziele wurden erreicht und besteht kein weiteres Interesse an einer Zusammenarbeit* (Brouthers, Brouthers, & Harris, 1997).
- *Ein Kooperationspartner hat seine individuellen Ziele erreicht und kündigt die Zusammenarbeit* (Das & Teng, 2003).
- *Ein Kooperationspartner übernimmt die Strategische Allianz und die Zusammenarbeit wird beendet* (Bleeke & Ernst, 1991; Jiang, Li, & Gao, 2008).
- *Keines der kooperierenden Unternehmen hat seine Ziele erreicht. Aufgrund mangelnder Erfolgsaussichten (bspw. Koordinationsprobleme, permanente Konflikte) oder veränderter Wettbewerbsbedingungen (bspw. neue Technologien, veränderte Marktbedingungen) ist eine weitere Zusammenarbeit nicht mehr sinnvoll. Die Strategische Allianz wird liquidiert und die Zusammenarbeit beendet* (Bleeke & Ernst, 1991; Das & Teng, 2002; Jiang, Li, & Gao, 2008).

3.1.6 Phasenübergreifende Faktoren

Neben den spezifischen Erfolgsfaktoren der einzelnen Phasen gibt es auch phasenübergreifende Faktoren, die über sämtliche Lebenszyklusphasen der Strategischen Allianz von hoher Bedeutung sind, weil sie stabilisierende Effekte auf das Verhältnis der kooperierenden Unternehmen haben. Zu diesen Faktoren zählen eine offene Kommunikation und vertrauensaufbauende Maßnahmen innerhalb der Strategischen Allianz (Das & Teng, 1998; Bamford, Ernst, & Fubini, 2004; Kale & Singh, 2009). Ein wechselseitiges Vertrauensverhältnis zwischen den kooperierenden Unternehmen muss bereits bei Schließung der Strategischen Allianz bestehen, ansonsten würde keine Zusammenarbeit erfolgen (Eisele, 1995). Zu Beginn der Zusammenarbeit basiert das gegenseitige Vertrauen zwischen den Kooperationspartner auf den vorhandenen Informationen und der jeweiligen Reputation der Unternehmen. Das gegenseitige Vertrauen und die Reputation steigern die gegenseitige Zustimmung und reduzieren die Gefahr von beeinträchtigenden Handlungen (bspw. Irreführung, Betrug) (Gulati, 1995). Während der Verhandlungsphase ist das gegenseitige Vertrauen zwischen den kooperierenden Unternehmen eine notwendige Bedingung zur Schließung einer Strategischen Allianz, da es nicht möglich ist, im Voraus alle denkbaren zukünftigen Situationen und die daraus resultierenden

Handlungsoptionen vertraglich festzuhalten (Reuer & Arino, 2007). Mangelndes Vertrauen würde bereits in der Phase der Verhandlung zum Abbruch der Kooperation oder zum Abschluss sehr detaillierter Verträge führen, deren negative Auswirkungen bereits erläutert wurden (Eisele, 1995).

Auch eine offene Kommunikation zwischen den kooperierenden Unternehmen ist in verschiedenen Phasen des Lebenszyklus einer Strategischen Allianz erfolgsfördernd (Bamford, Ernst, & Fubini, 2004). Ein offener und ehrlicher Informationsaustausch zwischen den Kooperationspartnern führt zur Bildung von gegenseitigem Vertrauen (Fontanari, 1996; Das & Teng, 1998). Zudem ermöglicht er es den kooperierenden Unternehmen ein besseres Verständnis für Unterschiede (z.B. Unternehmenskulturen) innerhalb der Strategischen Allianz zu entwickeln und verringert das Konfliktpotential. Darüber hinaus verhindert eine intensive Kommunikation zwischen den Kooperationspartnern Informationsasymmetrien. Bei vorhandenem gegenseitigem Vertrauen, ist die Bereitschaft zum Austausch von sensiblen Informationen innerhalb der Strategischen Allianz höher (Das & Teng, 1998).

3.2 Merkmale von Strategischen Allianzen in der Automobilindustrie

Eine Studie aus dem Jahr 2005 kam zu dem Ergebnis, dass 95 Prozent aller befragten Automobilunternehmen bereits aktiv in einer Strategischen Allianz kooperieren (Grohmann, Hofer, & Zangl, 2005, S. 19). Dabei sind in der Automobilindustrie mehrheitlich internationale Strategische Allianzen zwischen Automobilherstellern vorhanden (Hammes, 1994). Die Motive der Automobilhersteller zur Schließung von Strategischen Allianzen sind Zugang zu neuen Märkten und Kundensegmenten zu erhalten, die gemeinsame Entwicklung und Herstellung von Teilen, Komponenten oder Motoren und das Ausschöpfen von Potentialen zur Senkung von Kosten (Pilkington, 1999; Mercer, 2005). Zudem gehen die Automobilhersteller Kooperationen ein, um wettbewerbsrelevante Fähigkeiten (z.B. "lean production[22]") zu erlernen oder Technologien auszutauschen (Culpan, 2002; Mercer, 2005). Die meisten Strategischen Allianzen von Automobilherstellern werden in den strategischen Geschäftsfeldern F&E, Beschaffung und Produktion geschlossen. Dabei werden überwiegend Zusammenschlüsse zwischen Wettbewerbern mit ähnlichen Produktpaletten eingegangen (Culpan, 2002; Grohmann, Hofer, & Zangl, 2005). Am häufigsten kooperieren Unternehmen in einer Strategischen Allianz, die vertraglich oder in Form von Kapitalbeteiligungen bzw. Joint Ventures gesichert ist (Mercer, 2005). Die folgende Abbildung soll einen Überblick der möglichen Formen der Zusammenarbeit in der Automobilindustrie auf horizontaler und vertikaler Ebene der Wertschöpfungskette geben:

---

[22] Lean Production ist der sparsame und zeiteffiziente Einsatz der Produktionsfaktoren Betriebsmittel, Personal, Werkstoffe, Planung und Organisation bei allen Unternehmensaktivitäten.

Internationale und interkulturelle Projekte erfolgreich umsetzen

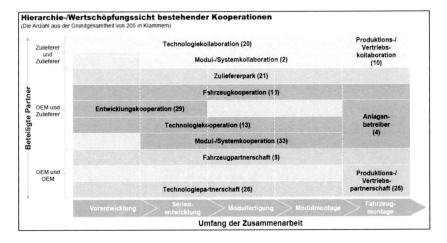

Abbildung 23 Kooperationsformen in der Automobilindustrie
Quelle: (Mercer, 2005, S. 11)

Eine weitere Studie aus dem Jahr 2005 kommt zu dem Ergebnis, dass Mangel an Vertrauen, Zustimmung und Kommunikation zu den zentralen Faktoren für Misserfolge von Strategischen Allianzen zwischen internationalen Automobilherstellern zählen (Zineldin & Dodourova, 2005, S. 467). Die Automobilunternehmen sehen die größten Risiken im Abwandern von Know-how und im fehlenden Vertrauen zwischen den kooperierenden Unternehmen (Grohmann, Hofer, & Zangl, 2005, S. 19). Die hohe Komplexität durch die Vielzahl von Schnittstellen (insbesondere bei mehreren Kooperationspartnern) und die hohen Koordinationskosten sind große Herausforderungen für die Automobilhersteller. Dabei erhöht sich die Komplexität der unternehmensübergreifenden Geschäftsprozesse durch die strategischen, strukturellen und kulturellen Unterschiede zwischen den kooperierenden Unternehmen. Zudem erschweren abweichende Zielvorstellungen und Erfolgsbeurteilungen oder das Fehlen von organisatorischen Regeln und Richtlinien die Koordination der gemeinsamen Aktivitäten einer Strategischen Allianz (Grohmann, Hofer, & Zangl, 2005, S. 19ff).

4 Die internationale Renault-Nissan Allianz

4.1 Unternehmen der Renault-Nissan Allianz

In diesem Abschnitt werden die Kooperationspartner der Renault-Nissan Allianz vorgestellt. Dabei werden die strategischen Geschäftsbereiche, die Unternehmensstruktur und wichtige Kennzahlen in einem Unternehmensprofil präsentiert.

Die Renault Group

Der französische Automobilhersteller Renault wurde im Jahr 1898 in *Billancourt* (Paris) gegründet. Über die mehr als 110jährige Geschichte des Unternehmens entwickelte sich Renault zu einem internationalen OEM mit weltweiten Aktivitäten. Die Hauptgeschäftsbereiche des Unternehmens sind: *Automotive* und *Sales Financing* (Renault, 2012a). Der Geschäftsbereich Automotive umfasst die Entwicklung, die Produktion und den Vertrieb von Pkw und leichten Nutzfahrzeugen auf den internationalen Automobilmärkten. Zum Unternehmensportfolio (s. Abb. 24) der Renault Group zählen die Marken Renault, Dacia (Rumänien) und Renault Samsung Motors (Südkorea). Zudem hält das Unternehmen wichtige Beteiligungen an den OEM Nissan Motor (Japan), AvtoVAZ (Russland) und der Daimler AG (Deutschland).

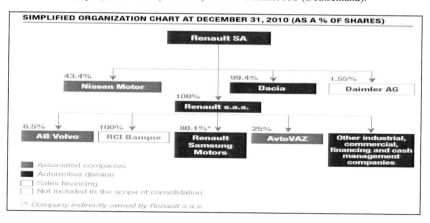

Abbildung 24 Struktur der Renault Group
Quelle: (Renault Group, 2010, S. 7)

Vom Hauptsitz in Frankreich koordiniert das Unternehmen seine weltweiten Aktivitäten und die mehr als 122.000 Mitarbeiter. Im Jahr 2010 lag der Absatz der Renault Group bei ca. 2,63

Millionen Fahrzeugen[23]. Mit ca. 1,64 Millionen Fahrzeugen wurde dabei der Hauptteil in den Automobilmärkten von Europa abgesetzt. Der Gesamtumsatz im Jahr 2010 lag bei 38,971 Milliarden €, wobei das Unternehmen mit 1,1 Milliarden € eine operative Marge von 2,8 Prozent erzielen konnte (Renault Group, 2010, S. 46). Der weltweite Vertrieb der Fahrzeuge erfolgte über 12.358 vertragliche Automobilhändler und die konzerneigene Vertriebsgesellschaft der Renault Retail Group (Renault Group, 2010, S. 14).

Die Nissan Motor Company

Der japanische OEM Nissan Motor wurde 1933 in Japan gegründet. Seit der Gründung entwickelte sich das Unternehmen zu einem internationalen Wettbewerber in der Automobilindustrie. Das Unternehmen ist in den Geschäftsbereichen *Automotive* und *Marine* tätig (Nissan, 2012a). Der Geschäftsbereich Automotive umfasst die Entwicklung, Produktion und den Vertrieb von Fahrzeugen auf den globalen Automobilmärkten. Zum Markenportfolio zählen die Kernmarke Nissan (Japan) und die 1989 für den US-amerikanischen Markt gegründete Marke *"Infiniti"*, die beide weltweit angeboten werden (Nissan, 2011a). Zudem hält das Unternehmen eine wichtige Unternehmensbeteiligung von 15 Prozent an der Renault Group. Von der Konzernzentrale in Japan werden die internationalen Aktivitäten des Unternehmens mit 155.000 Mitarbeitern koordiniert. Im Jahr 2010 lieferte die Nissan Motor weltweit ca. 4,24 Millionen Fahrzeuge[24] aus. Die Hauptabsatzregionen waren Nordamerika mit ca. 1,25 Millionen Einheiten und China mit ca. 1,08 Millionen Einheiten. Die weltweite Produktion im Jahr 2010 lag bei ca. 4,21 Millionen Fahrzeugen, wobei mit ca. 3,14 Millionen Einheiten der Hauptteil an ausländischen Standorten produziert wurde (Nissan, 2011a, S. 27). Der Gesamtumsatz im Geschäftsjahr 2010 lag bei 8,77 Trillionen Yen[25] (82,81 Milliarden €[26]) mit einer operativen Marge von ca. 6 Prozent (5,07 Milliarden €) (Nissan, 2011b).

Die Renault-Nissan Allianz

Im Jahr 2010 erzielte die Renault-Nissan Allianz mit ca. 7,3 Millionen weltweit verkauften Fahrzeugen ein Rekordjahr (Nissan, 2011c). Die kooperierenden Unternehmen der Strategischen Allianz verfügen über ein internationales Netzwerk (s. Abb. 25) mit Tochtergesellschaften zur Entwicklung, Produktion und Vertrieb von Fahrzeugen in allen wichtigen Automobilmärkten. Der Vorstandsvorsitzende, *Carlos Ghosn*, richtete die Strategie der Allianz auf den weiteren Ausbau der gemeinsamen Wettbewerbsfähigkeit und weiteres internationales Wachstum aus:

„*As the most enduring partnership in the automobile industry, the 12-year-old Alliance continues to strengthen its global presence with our expanding production capacity and competitive products"* (Nissan, 2011c).

---

[23] Pkw und leichte Nutzfahrzeuge
[24] Pkw und leichte Nutzfahrzeuge
[25] Landeswährung von Japan
[26] Wechselkurs vom 17.04.2012 (1€ = ¥ 105,94)

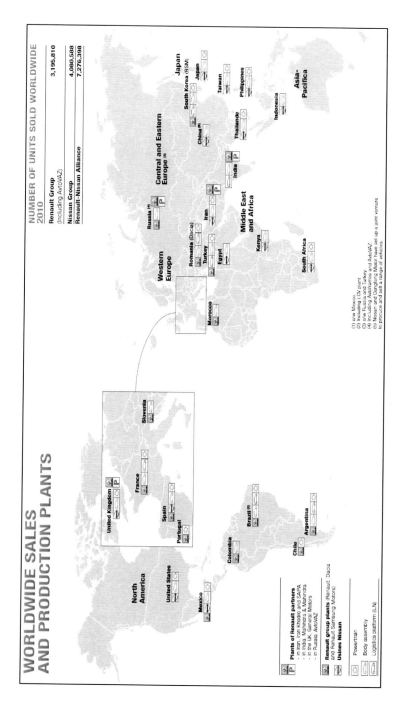

Abbildung 25 Internationales Netzwerk der Renault-Nissan Allianz
Quelle: (Renault, 2011a, S. 12)

4.2 Motive und Ziele der Renault-Nissan Allianz

In diesem Abschnitt werden die Hauptmotive und Ziele von Renault und Nissan zur Schließung der gemeinsamen Strategischen Allianz erläutert.

Die Motive zur Bildung der Renault-Nissan Allianz

Ende der 1990er Jahre verfügte das Unternehmen Renault über eine solide finanzielle Situation und eine gute Kostenstruktur. Auf Grundlage der gesunden und effizienten Industriestruktur strebte das Unternehmen nach Wachstum auf den internationalen Automobilmärkten. Zu diesem Zeitpunkt lag der Hauptteil des Fahrzeugabsatzes in Westeuropa, lediglich 15 Prozent der Fahrzeuge wurden in anderen Regionen der Welt abgesetzt. Vor allem die Expansion auf den amerikanischen und asiatischen Markt war im Fokus der internationalen Wachstumsstrategie (Douin, 2002; Renault-Nissan, 2009). Der japanische Automobilhersteller Nissan verfügte über gute Strukturen und eine etablierte Präsenz in den Regionen von Japan, Westeuropa und den USA. Die Hauptschwäche des Unternehmens lag in der mangelhaften Profitabilität der Aktivitäten (Wallentowitz, Freialdenhoven, & Olschewski, 2009; Renault-Nissan, 2009). Beide Unternehmen wiesen eine ähnliche Struktur in Bezug auf Größe auf und die Kerngeschäftsfelder beider Unternehmen versprachen eine effektive Ergänzung der Produkte. Renault war fokussiert auf den Bau von Kompakt- und Mittelklassefahrzeugen, während Nissan auch größere Motoren sowie Pick-ups und Allradfahrzeuge produzierte. Zudem ergänzten sich beide Unternehmen in ihren Organisationen und Fähigkeiten. Renault legte den Schwerpunkt auf Kostenmanagement, eine globale Plattform- und Beschaffungsstrategie und innovative Produkte und Designs. Nissan konzentrierte sich auf fortgeschrittene F&E und Produktivität und Qualität in der Produktion (Douin, 2002; Leslie, 2008). Unter dem anwachsenden Druck der Verbindlichkeiten von Nissan, unterzeichneten beide Unternehmen nach 9-monatigen Verhandlungen am 27. März 1999 den gemeinsamen Allianz-Vertrag (Renault-Nissan, 2009). Mit der Unterstützung von Renault durch $5 Milliarden, begann Nissan im Anschluss an die Unterzeichnung des Allianz-Abkommens mit der Restrukturierung des Unternehmens (Douin, 2002). Beide Unternehmen erzielten einen schnellen und gezielten Zugriff auf benötigte Ressourcen, um die Wettbewerbsfähigkeit durch die Bündelung der Stärken zu verbessern (Culpan, 2002; Leslie, 2008).

Die Ziele der Renault-Nissan Allianz

Die Strategische Allianz zwischen den beiden Unternehmen basierte auf einer Allianz-Charta, die zur Etablierung einer ausgewogenen Balance in der gemeinsamen Zusammenarbeit beitragen sollte. Um diese Balance zu gewährleisten, legten beide Unternehmen gemeinsame Werte für die gegenseitige Unterstützung fest. Hierzu zählen das Streben nach Erfolg, Leistungsbereitschaft, gegenseitiges Vertrauen und Respekt, Gleichberechtigung und gegenseitige Loyalität (Douin, 2002). Auf dieser Grundlage etablierten beide Unternehmen eine einzigartige Partnerschaft, in der die individuellen Stärken gebündelt und die Leistungsfähigkeit verbessert werden, während die Unternehms- und Markenidentitäten der kooperierenden Unternehmen erhalten bleiben (Renault Group, 2010).

In mehr als 10 Jahren der gemeinsamen Kooperation erzielten beide Unternehmen signifikante Erfolge durch die Strategische Allianz (Renault, 2012a; Nissan, 2012a). Auf Grundlage von gegenseitigem Vertrauen und Respekt etablierten Renault und Nissan eine beständige, stabile und erfolgreiche Partnerschaft in der internationalen Automobilindustrie. Die Partnerschaft ist dabei gekennzeichnet durch Transparenz, klare und schnelle Entscheidungen, Verantwortungsbewusstsein und hohe Leistungsbereitschaft innerhalb der gesamtem Organisation der Strategischen Allianz (Renault-Nissan, 2009). Durch die Kombination der individuellen Stärken beider Partner und dem Identifizieren weiterer Synergie-Potentiale, verfolgt die Renault-Nissan Allianz eine internationale und profitable Wachstumsstrategie (Renault Group, 2010). Die gemeinsam formulierten und verfolgten Ziele der Renault-Nissan Allianz sind dabei (Renault, 2012a; Nissan, 2012a):

- *to be recognized by customers as being among the best three automotive groups in terms of the quality and value of its products and services in each region and market segment;*
- *to be among the best three automotive groups in key technologies, each partner being a leader in specific fields of excellence;*
- *to consistently generate a total operating profit among the top three automotive groups in the world, by maintaining a high operating margin and steady growth.*

4.3 "Fit" der Renault-Nissan Allianz

Die idealen Partner für eine Strategische Allianz sollten über komplementäre Ressourcen verfügen und kompatible Ziele, Strategien, Kulturen und Strukturen haben. Zudem sollte die Beziehung zwischen den kooperierenden Unternehmen durch gegenseitiges Vertrauen und Respekt geprägt sein (Das & Teng, 1997). Die "weichen" Organisationsfaktoren, wie z.B. Werte, Normen und Richtlinien, vereinfachen die Koordination der gemeinsamen Aktivitäten der Strategischen Allianz und fördern das gegenseitige Vertrauen zwischen den kooperierenden Unternehmen (Dyer & Singh, 1998; Shah & Swaminathan, 2008). Die Renault-Nissan Allianz ist ein gutes Beispiel für den positiven Einfluss von Komplementarität und Kompatibilität der Unternehmen auf den Erfolg von Strategischen Allianzen. Sie zählt zu den erfolgreichsten Strategischen Allianzen in der internationalen Automobilindustrie (Leslie, 2008).

Ressourcen-Fit

Der japanische Automobilhersteller Nissan benötigte den Zugang zu finanziellen Mitteln und Management Know-how, um die Restrukturierung des Unternehmens zur Senkung von Kosten zu ermöglichen und die Profitabilität zu steigern. Zudem strebte Nissan die Expansion in den Automobilmärkten von Westeuropa und Südamerika an, um die internationale Präsenz weiter zu verstärken. Durch Renaults Expertise in den Bereichen Design und Styling konnte Nissan die eigenen Schwächen in diesen Bereichen ausgleichen. Renault konnte durch die Strategische Allianz mit Nissan neue Skalen- und Synergie-Effekte erzielen (bspw. im Einkauf und in der Produktion) und dadurch die eigenen Kosten weiter senken. Renault benötigte den Zugang zum US-amerikanischen und asiatischen Markt, um die internationale Wachstumsstrategie zu realisieren. Nissan hatte bereits ein gut etabliertes Vertriebsnetz in den USA und in Asien und verfügte außerdem über eine höheren Qualitätsstandard und überlegene Fähigkeiten in der Produktionstechnik (Douin, 2002; Leslie, 2008).

Strategie-Fit

Die Renault-Nissan Allianz hat eine gemeinsame Vision für die Zusammenarbeit: Sie wollen einer der drei führenden Automobilhersteller in den Bereichen Qualität, Technologie und Rentabilität werden (Renault Group, 2010). Beide Unternehmen entwickeln zwar ihre Strategien unabhängig voneinander und verfolgen individuelle Ziele, doch die gemeinsame Vision ist die Grundlage für den Erfolg der Strategischen Allianz, weil sie das simultane Erreichen der individuellen Ziele ermöglicht. Zudem haben beide Unternehmen mit *Carlos Ghosn*[27] den gleichen Vorstandsvorsitzenden. Das hat den Vorteil, dass die "wahren" Ziele beider Partner bekannt sind und sich die Mitarbeiter beider Unternehmen mehr vertrauen und sich kooperativ verhalten (Culpan, 2002; Leslie, 2008).

Kultur-Fit

Voraussetzung für den Erfolg einer internationalen Strategischen Allianz ist die Akzeptanz und der Respekt für die unterschiedlichen Landes- und Unternehmenskulturen der kooperierenden Unternehmen. Sowohl das Management als auch die Mitarbeiter sollten die nötige Sensibilität und das Verständnis besitzen, um sich in das Wertesystem des Kooperationspartner hineinzuversetzen (Bronder & Pritzl, 1992). Die kooperierenden Unternehmen der Renault-Nissan Allianz haben gemeinsame Werte, Normen, Systeme und Prozesse geschaffen, die es ermöglichen, die individuelle kulturelle Identität zu bewahren. Die kulturellen Unterschiede führen nicht zu Konflikten, sondern bewirken positive Impulse für die Strategische Allianz (Douin, 2002; Leslie, 2008). Dabei sind die kulturellen Unterschiede ein wesentlicher Treiber für verbesserte Lerneffizienz und gesteigerte Kreativität in der Renault-Nissan Allianz (Leslie, 2008). Um die Koordination der gemeinsamen Aktivitäten zu vereinfachen, haben sich die kooperierenden Unternehmen auf die Sprache Englisch als offizielle Sprache in der Strategischen Allianz geeinigt. Da Englisch für beide Kooperationspartner eine Fremdsprache ist, besteht allerdings immer noch ein Problem durch Missverständnisse in der Kommunikation. Auch die Integration der jeweiligen Landeskulturen ist eine Herausforderung in der Re-

---

[27] Chairman and CEO der Renault-Nissan Allianz

nault-Nissan Allianz. Beispielsweise könnte die Tradition der Konsensbildung in Japan die Entscheidungsprozesse innerhalb der Strategischen Allianz verlangsamen (Culpan, 2002).

Vertrauen, Zustimmung und Kommunikation

Neben Komplementarität und Kompatibilität der kooperierenden Unternehmen, spielen das gegenseitige Vertrauen und die offene Kommunikation eine wichtige Rolle für die Stabilität und den Erfolg einer Strategischen Allianz (Das & Teng, 1997). Die Renault-Nissan Allianz hat das gegenseitige Vertrauen und die gegenseitige Loyalität in den Mittelpunkt der Zusammenarbeit gestellt (Leslie, 2008; Renault Group, 2010). Insbesondere bei der Kooperation in den Bereichen F&E ist Vertrauen von großer Bedeutung, da es hierbei um den Austausch von sensiblen Informationen geht. Die Zusammenarbeit in diesen Bereichen ist durch komplexe Prozesse und hohe Unsicherheit bei den Ergebnissen gekennzeichnet. In solchen Situationen ist die Gefahr von opportunistischem Verhalten relativ groß. Ein Austausch von kritischen Technologien und wettbewerbsrelevantem Wissen kann nur problemlos stattfinden, wenn sich die kooperierenden Unternehmen gegenseitig vertrauen (Cullen, Johnson, & Sakano, 2000; Shah & Swaminathan, 2008). Im Vorfeld der Renault-Nissan Allianz war die Überprüfung des Vertrauens problematisch, da die Unternehmen noch nicht intensiv miteinander kooperiert hatten. In diesem Fall wurde vor allem auf die Reputation und interne Brancheninformationen zurückgegriffen (Madhok, 1995; Jiang, Li, & Gao, 2008). Für Renault spielte bei der Partnerwahl die Reputation von Nissan eine entscheidende Rolle. Die Reputation von Nissan für hohe Produktqualität und effiziente Produktionstechnologie führte zu dem Entschluss von Renault eine Strategische Allianz mit dem japanischen Wettbewerber einzugehen (Culpan, 2002; Douin, 2002).

Das gegenseitige Vertrauen wird vor allem auch durch offene Kommunikation aufgebaut, bei der Informationen und Absichten übermittelt werden. Für den Aufbau von Vertrauen ist permanente Kommunikation zwischen den kooperierenden Unternehmen erforderlich. Dabei wird der Aufbau durch verbindliche Regelprozesse erleichtert (Fontanari, 1996). Innerhalb der Renault-Nissan Allianz wird die Kommunikation zwischen den Mitarbeitern der kooperierenden Unternehmen durch regelmäßige Meetings, Workshops und Strategietagungen gefördert. Zudem findet ein Austausch von Managern und Ingenieuren in der Strategischen Allianz statt, um das gegenseitige Lernen und Verständnis der Kulturen, Technologie, Prozesse, etc. zu fördern (Renault Group, 2010). Der Personalaustausch stärkt zudem das Vertrauensverhältnis zwischen den Kooperationspartnern und erleichtert den Zugang zu Ressourcen und Know-how über Unternehmensgrenzen hinweg (Leslie, 2008).

4.4 Struktur der Renault-Nissan Allianz

Zu Beginn der Strategischen Allianz im Jahr 1999 übernahm der französische Automobilhersteller Renault 36,8 Prozent der Unternehmensanteile vom japanischen Kooperationspartner Nissan. Das Investment von ca. 5 Milliarden € in den Kooperationspartner sollte die Bindung zwischen den kooperierenden Unternehmen stärken und ermöglichte Nissan die angestrebte Restrukturierung (Renault Group, 2010). Beide Unternehmen behielten im Zuge der Kapitalbeteiligung ihre Autonomie, Verantwortlichkeit und Managementkontrolle (Douin, 2002). Im Jahr 2002 startete die zweite Phase der Strategischen Allianz zwischen Renault und Nissan. Das Hauptziel dieser Phase war die Stärkung der gemeinsamen Interessen und die weitere Integration der beiden Unternehmen. Es wurde ein Allianz-Vorstand gegründet, mit der Aufgabe, eine Allianz-Strategie und eine gemeinsame Zukunftsvision für die Strategische Allianz zu erarbeiten. Zudem erhöhte Renault seinen Anteil an Nissan auf 44,3 Prozent und Nissan erwarb im Gegenzug 15 Prozent der Anteile an Renault (Renault Group, 2010). Obwohl keine Balance zwischen den Kapitalbeteiligungen bestand, wurde das gegenseitige Interesse am Erfolg des Partners durch die Überkreuzbeteiligungen erhöht (Douin, 2002).

Die zweite Phase im Jahr 2002 sollte Renault und Nissan enger verbinden und die Strategische Allianz mit einer gemeinsamen strategischen Vision ausstatten (Douin, 2002). Hierzu erfolgte die Gründung eines gemeinsamen Unternehmens zum Management der Renault-Nissan Allianz. Die kooperierenden Unternehmen gründeten die *Renault-Nissan B.V.*[28] unter holländischem Recht, wobei jeder der Kooperationspartner 50 Prozent der Anteile am Joint Venture übernahm (Renault-Nissan, 2009). Die Renault-Nissan B.V. (s. Abb. 26) sollte für die mittel- und langfristige Strategie und die Koordination der gemeinsamen internationalen Aktivitäten der Strategischen Allianz verantwortlich sein.

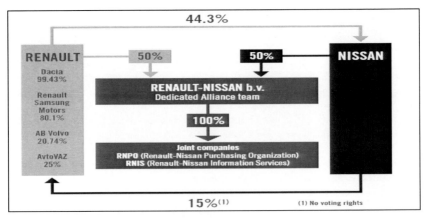

Abbildung 26 Struktur der Renault-Nissan Allianz
Quelle: (Renault-Nissan, 2009, S. 2)

---

[28] B.V. (Besloten Vennootschap) ist eine geschlossene Gesellschaft mit beschränkter Haftung unter holländischen Recht

Durch die ausgeglichene Beteiligung beider Kooperationspartner am Joint Venture, sollte die Entscheidungsfindung erleichtert werden und gleichzeitig die jeweilige Selbstständigkeit und Verantwortlichkeit von Renault und Nissan gewährleistet werden (Renault Group, 2010). Zudem sollte die Renault-Nissan B.V. sämtliche Anteile an bestehenden und zukünftigen gemeinsamen Gesellschaften von Renault und Nissan erhalten. Zum Beispiel übernahm die Renault-Nissan B.V. 100 Prozent der Anteile an der 2001 gemeinsam gegründeten Renault-Nissan Purchasing Organization (RNPO) und der Renault-Nissan Information Services (RNIS) (Renault-Nissan, 2009).

4.5 Management und Zusammenarbeit der Renault-Nissan Allianz

Die Strategische Allianz zwischen Renault und Nissan basiert auf gegenseitigem Vertrauen und Respekt (Renault, 2012a; Nissan, 2012a). Eine transparente Organisation soll eine klare, schnelle Entscheidungsfindung, Verantwortungsbewusstsein und hohe Leistungsbereitschaft gewährleisten. Durch die Bündelung der individuellen Stärken sollen Synergien realisiert werden, die die Effektivität beider Unternehmen steigern (Renault, 2011a). Die Strategische Allianz wird dabei durch den Allianz-Vorstand geführt, die Entscheidungen des Vorstands durch die Renault-Nissan B.V. umgesetzt und die Steuerung auf operativer Ebene durch internationale Teams von Spezialisten koordiniert. Im Folgenden werden die Managementstrukturen der Renault-Nissan Allianz erläutert.

Allianz-Vorstand

Die Renault-Nissan Allianz ist ein Geschäftsmodell von zwei internationalen Automobilherstellern, die durch Überkreuzbeteiligungen miteinander verbunden sind und von Mitgliedern aus den Führungsorganen beider Hersteller in einem Allianz-Vorstand geleitet wird (Renault, 2011a). Beide Automobilhersteller leiten, verantworten und kontrollieren ihre jeweiligen operativen Aktivitäten unabhängig und sind weiterhin gegenüber ihren eigenen Vorstand und Investoren verpflichtet. Die gemeinsame strategische Ausrichtung der Allianz erfolgt durch das 2002 gegründete Unternehmen Renault-Nissan B.V., an dem die kooperierenden Unternehmen mit jeweils 50 Prozent beteiligt sind (Leslie, 2008; Renault Group, 2010). Das Unternehmen ist verantwortlich für das strategische Management der gemeinsamen Aktivitäten und stellt den Vorstand der Strategischen Allianz (Renault-Nissan, 2009).

Der Allianz-Vorstand ist seit der Gründung im Jahr 2002 das Führungsorgan der Renault-Nissan Allianz und entscheidet über sämtliche Themen zur Zukunft der Strategischen Allianz. Der Vorstand der Renault-Nissan Allianz besteht aus Mitgliedern der kooperierenden Unternehmen und den Vorsitz hat der gemeinsame Vorstandsvorsitzende von Renault und Nissan *Carlos Ghosn* (Renault, 2011a). Der Allianz-Vorstand kommt mehrmals jährlich zusammen, um wichtige Fragen zu Strategie und Perspektiven der Strategischen Allianz zu besprechen (Renault Group, 2010).

Internationale und interkulturelle Projekte erfolgreich umsetzen

Managementstruktur und Organisation

Die Renault-Nissan B.V. ist verantwortlich für die Umsetzung der Beschlüsse, die vom Allianz-Vorstand der kooperierenden Unternehmen gefasst wurden. Dabei befasst sich das Unternehmen mit der strategischen Ausrichtung der gemeinsamen Aktivitäten und verantwortet die Führung der Allianz-Tochtergesellschaften (s. Abb. 27).

Auf der operativen Ebene leitet und lenkt die Renault-Nissan B.V. die internationalen Teams aus den kooperierenden Unternehmen. Die Renault Group und Nissan Motor halten jeweils 50 Prozent der Anteile an dem Joint Venture, so wird ein Ungleichgewicht bei Entscheidungen verhindert (Renault-Nissan, 2009). Das Gleichgewicht bei der Mitsprache verhindert Interessenskonflikte oder die Dominanz von einem Kooperationspartner. Die Teams der Renault-Nissan B.V. werden aus Mitarbeitern der kooperierenden Unternehmen zusammengestellt. Diese Form der Zusammenarbeit fördert das gegenseitige Vertrauen und Transparenz. Zudem wird der Austausch von Informationen und das gegenseitige Lernen erleichtert.

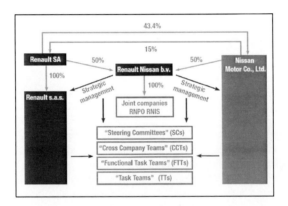

Abbildung 27 Managementstruktur der Renault-Nissan Allianz
Quelle: (Renault Group, 2010, S. 36)

Die Renault-Nissan B.V. verfügt über begrenzte Entscheidungsbefugnisse der Kooperationspartner Renault und Nissan. Diese Befugnisse beziehen sich auf Entscheidungen von globaler Ebene, die die kooperierenden Unternehmen schwierig getrennt voneinander treffen können. Damit soll sichergestellt werden, dass diese Entscheidungen weltweit umgesetzt werden und so die Vorteile von Skaleneffekten sichergestellt werden.

Die Entscheidungsgewalt ist auf folgende Bereiche beschränkt (Renault Group, 2010, S. 36):

- Die **Verabschiedung** von drei-, fünf- und Zehn-Jahres-Plänen (strategische Unternehmensprojekte auf Basis quantifizierter Daten);
- Die **Genehmigung** von Produktplänen (Teile der Strategieprojekte entsprechend dem Design, Entwicklung, Produktion und Vertrieb von bestehenden und zukünftigen Produkten, Fahrzeugen und Komponenten);
- Die **Entscheidungen** über die Standardisierung von Produkten und Antrieben (wie Plattformen, Fahrzeuge, Getriebe, Motoren und andere Komponenten);
- Die **Finanzpolitik** (einschließlich Investitionen, Risiko-Management, Finanzierung, Cash-Management und Verschuldungsgrad);
- Die **Verwaltung** von gemeinsamen Tochtergesellschaften und die Steuerung der internationalen Teams auf operativer Ebene (einschließlich Erstellung, Besetzung, Änderung und Auflösung der Teams);
- Die **Verantwortlichkeit** für sonstige Themen oder Projekte, die auf gemeinsamer Basis von Renault und Nissan der Renault-Nissan B.V. zugeordnet werden.

Die Renault-Nissan B.V. besitzt zudem das ausschließliche Recht, den kooperierenden Unternehmen Vorschläge zu gemeinsamen Vorhaben zu präsentieren. Für die Kooperationspartner Renault und Nissan besteht die Möglichkeit einen Vorschlag anzunehmen oder abzulehnen. Die kooperierenden Unternehmen können eine Entscheidung nur umsetzen, wenn der Vorschlag von der Renault-Nissan B.V. erfolgte. Somit liegt die Macht der Initiative bei der Renault-Nissan B.V. und es wird sichergestellt, dass die Kooperationspartner ihre Politik in der Strategischen Allianz harmonisieren. Die Macht der Initiative erstreckt sich über folgende Bereiche (Renault Group, 2010, S. 36):

- Die **Gründung** und der Umfang von gemeinsamen Tochtergesellschaften;
- Die **Einführung** zusätzlicher finanzieller Anreiz-Systeme;
- Die **Änderung** von wesentlichen Umfängen, ob geographisch oder in Form von Produkten, für Gesamtbeträge von $100 Millionen oder mehr;
- **Strategische Investitionen**, d.h. nicht produktbezogene Investitionen in Höhe von $500 Millionen oder mehr;
- **Strategische Kooperationen** von Renault und Nissan mit anderen Unternehmen.

Alle anderen Aspekte operativer, kommerzieller, finanzieller oder arbeitsbezogener Herkunft im Zusammenhang mit der Renault Group und Nissan Motor, werden unabhängig verwaltet und entschieden von den Gremien des jeweiligen Unternehmens. Die kooperierenden Unternehmen der Strategischen Allianz behalten ihre Managementautonomie, die Markenidentität, die Vertretungsorgane und ihre Mitarbeiter. Zudem sind die Unternehmen für ihre eigenen Ergebnisse verantwortlich (Renault-Nissan, 2009; Renault Group, 2010).

Internationale Teams

Die operativen Aktivitäten in der Renault-Nissan Allianz werden durch internationale Teams, bestehend aus Mitarbeitern beider Kooperationspartner, gesteuert und kontrolliert. Die unternehmensübergreifende Zusammenarbeit erfolgt auf unterschiedlichen Ebenen zur Bearbeitung von verschiedenen Themen oder Projekten. Im Jahr 2010 formulierte der Allianz-Vorstand vier strategische Ausrichtungen, in denen sich die internationalen Teams engagierten (Renault Group, 2010, S. 38).

Beschleunigung und Erhöhung von Synergien:

- o *Koordination der Entwicklung von Elektrofahrzeugen und die Batterie-Programme;*
- o *Erhöhung der Rate an gemeinsamen Teilen zwischen Renault und Nissan durch eine Standardisierung und einen modularen Ansatz im Zuge der Plattform-Strategie;*
- o *Optimierung der Kapazitätsauslastung von Produktionsstätten;*
- o *Kostensenkungen in der Logistik zwischen den kooperierenden Unternehmen.*

Gemeinsame Allianz-Projekte und Organisation:

- o *Unterstützung der internationalen Wachstumsstrategie durch die Errichtung gemeinsamer Geschäftseinheiten oder Tochtergesellschaften;*
- o *Verbesserung der gemeinsamen Leistungsfähigkeit, durch Zusammenführung von Marketing- und Kommunikationsfunktionen, um die Markenpositionierung von Renault und Nissan zu stärken.*

Strategische Partnerschaften:

- o *Abschluss neuer Partnerschaften zwischen der Renault-Nissan Allianz und anderen Automobilherstellern, zur Steigerung der Wettbewerbsfähigkeit.*

Kommunikation:

- o *Unterstützung der Strategischen Allianz bei Aktivitäten auf hochkarätigen internationalen Veranstaltungen, durch gezielte Aktionen und Maßnahmen.*

Die Umsetzung von Projekten und die Bearbeitung von Themen innerhalb der Strategischen Allianz erfolgt auf unterschiedlichen funktionalen Ebenen (Renault-Nissan, 2009, S. 24). Im Folgenden werden die verschiedenen Ebenen und die Hauptaufgabenbereiche der internationalen Teams erläutert:

Steering Committees (SCS):

Die Steering Committees sind damit beauftragt, die funktionsübergreifenden Prioritäten der Strategischen Allianz zu definieren. Sie reichen Themen mit erhöhter Priorität an den Allianz-

Vorstand zur Entscheidung weiter. Zudem sind die SCS für die Koordination der Tätigkeiten auf den anderen Ebenen verantwortlich. Die SCS übernehmen hierbei die Kontrolle von Ergebnissen, bestätigen Entschlüsse, lösen Konflikte und berichten die Fortschritte in den Aktivitäten an den Allianz-Vorstand. Die SCS sind zur Unterstützung der anderen Ebenen in verschiedene Geschäftsbereiche (bspw. Planung, Produktentwicklung und Produktion, Europa, Asien, etc.) untergliedert (Renault Group, 2010, S. 38).

Cross-Company Teams (CCTS):

Die Cross-Company Teams sind Arbeitsgruppen, bestehend aus Mitarbeitern und Experten beider Kooperationspartner. Ihre Hauptaufgabe ist die Untersuchung weiterer Synergie-Potentiale und weiterer Möglichkeiten der Zusammenarbeit zwischen Renault und Nissan. Die CCTS sind mit der Definition, Festlegung, Überwachung und Umsetzung von konkreten Projekten, die vom Allianz-Vorstand genehmigt sind, betraut. Dabei wird jedes CCT von zwei Managern, einer von Renault und einer von Nissan, in Kooperation geführt. Die CCTS sind in verschiedenen Bereichen (bspw. Produktplanung, Fahrzeugtechnik, Korea, Indien, etc.) tätig (Renault Group, 2010, S. 38).

Functional Task Teams (FTTS):

Die Functional Task Teams setzen sich aus Experten den kooperierenden Unternehmen zusammen. Dabei unterstützen die FTTS die CCTS mit notwendigen Informationen bezüglich "Benchmarking[29]" oder "Best-Practices[30]". Zudem fördern die FTTS die Harmonisierung der verwendeten Werkzeuge im Bereich der Unterstützungsfunktion. Die FTTS liefern Informationen und Unterstützung in unterschiedlichen Bereichen (bspw. Qualität, Recht, Steuern, Marketing, Vertrieb und After-Sales, etc.) (Renault Group, 2010, S. 38).

Task Teams (TTS):

Die Task Teams sind die kleinste operative Einheit. Sie werden ernannt und bearbeiten eine auftretende spezifische Problemstellung in einem festgelegten Zeitrahmen. Die TTS sind dabei aktuellen Vorhaben und Projekten zugeordnet (Renault Group, 2010, S. 38).

Ein weiterer wichtiger Aspekt ist der Personalaustausch zwischen den kooperierenden Unternehmen. Seit dem Beginn der Strategischen Allianz wurde der Personalaustausch zwischen Renault und Nissan stetig weiterentwickelt, um die Leistungsfähigkeit der Kooperation zu

---

[29] Instrument der Wettbewerbsanalyse. Benchmarking ist der kontinuierliche Vergleich von Produkten, Dienstleistungen sowie Prozessen und Methoden mit anderen Unternehmen, um die Leistungslücke zur sog. Benchmark systematisch zu schließen. Grundidee ist es, festzustellen, welche Unterschiede bestehen, warum diese Unterschiede bestehen und welche Verbesserungsmöglichkeiten es gibt.
[30] Im Rahmen des Benchmarking werden nicht nur Kennzahlen miteinander verglichen und Leistungslücken quantifiziert, sondern die zugrunde liegende Vorgehensweise zur Erreichung der Benchmarks ergründet. Dabei sollen herausragende, exzellente Praktiken entdeckt und im eigenen Unternehmen umgesetzt werden, um dadurch nachhaltige Verbesserungen oder sogar Wettbewerbsvorteile zu erlangen.

verbessern. Hierfür entwickelten beide Unternehmen spezielle Programme zum Training der Mitarbeiter, um das gegenseitige Verständnis zu erhöhen und eine effizientere und effektivere Zusammenarbeit zu ermöglichen. Die Mitarbeiter beider Unternehmen erhalten durch den Austausch die Möglichkeit, Erfahrungen in Auslandsmärkten und über Unternehmensgrenzen hinaus zu sammeln (Renault-Nissan, 2009). Das Prinzip des interkulturellen Personalaustauschs zwischen den kooperierenden Unternehmen ist ein entscheidender Wettbewerbsfaktor für die Strategische Allianz. Insbesondere im Zusammenhang mit der internationalen Wachstumsstrategie, um neue Märkte zu erschließen (Renault Group, 2010).

4.6 Kooperationsbereiche

Die Unternehmen Renault und Nissan kooperieren seit Beginn der Strategischen Allianz in verschiedenen strategischen Bereichen entlang der automobilen Wertschöpfungskette (s. Abb. 28). Dabei versuchen die kooperierenden Unternehmen sowohl Synergie- als auch Skaleneffekte durch die Bündelung der individuellen Ressourcen auf den internationalen Automobilmärkten zu erzielen. Im Folgenden werden die einzelnen strategische Bereiche und Aktivitäten der Zusammenarbeit dargestellt.

Beschaffung und Logistik

Die Strategische Allianz zwischen Renault und Nissan verfügt über eine gemeinsame Beschaffungsstrategie und ein Netzwerk von gemeinsamen Lieferanten. Die gemeinsame Beschaffung der kooperierenden Unternehmen ermöglicht erhebliche Kosteneinsparungen (Renault Group, 2010).

Die Gründung der Renault-Nissan Purchasing Organization (RNPO) im Jahr 2001 legte den Grundstein der gemeinsamen Einkaufsaktivitäten. Zu Beginn koordinierte und verantwortete die RNPO ca. 30 Prozent des jährlichen Umsatzes von Renault und Nissan in der Beschaffung. Seit dem Jahr 2009 übernimmt die RNPO 100 Prozent der Einkaufsaktivitäten innerhalb der Strategischen Allianz (Renault-Nissan, 2009). Die RNPO ist die größte gemeinsame Tochtergesellschaft von Renault und Nissan. Die RNPO koordiniert und verantwortet sämtliche Beschaffungsaktivitäten in allen Regionen in denen Renault und Nissan produzieren. Unter der Verwendung eines globalen Beschaffungsmanagement wird ein effizienter Einkauf für die Strategische Allianz gewährleistet, um auf den weltweiten Bedarf zu reagieren. Dabei arbeiten die lokalen Abteilungen der RNPO, als einzige Einkaufsorganisation, für beide Kooperationspartner zusammen (Renault Group, 2010).

Die RNPO arbeitet sowohl mit globalen Lieferanten für Volumenaufträge, als auch mit regionalen Lieferanten für komplementäre geografische Aufträge, zusammen. Die Lieferantenpolitik der Renault-Nissan Allianz basiert auf einem starken Engagement und der Integration von Lieferanten (Renault-Nissan, 2008). Dabei sind die grundlegenden Werte wie Vertrauen, Respekt und Transparenz bei der Zusammenarbeit im *"Renault-Nissan Purchasing Way"* festgelegt (Renault-Nissan, 2012a).

Im Logistikbereich konnte die Strategische Allianz zwischen Renault und Nissan in den letzten Jahren wesentliche Kosten einsparen. Im Jahr 1999 konnten durch logistische Synergien der kooperierenden Unternehmen ca. 25 Millionen € eingespart werden, die bis zum Jahr 2009 auf 56 Millionen € verdoppelt wurden (Renault Group, 2010, S. 41). Durch die Zusammenführung der Logistik-Plattformen, einschließlich Informationssysteme und Prozesse von Renault und Nissan, wurde diese Entwicklung ermöglicht und beschleunigt. Die Zusammenführung der Logistikbereiche von Renault und Nissan erzeugte nicht nur Skaleneffekte, sondern ermöglichte auch das gegenseitige Lernen durch die Kombination verschiedener Erfahrungen und Ansätze (Renault Group, 2010).

Forschung und Vorentwicklung

Renault und Nissan kooperieren in strategisch wichtigen Bereichen der Forschung und Vorentwicklung. Diese Zusammenarbeit zielt darauf ab, die Allokation der Ressourcen beider Unternehmen zu optimieren. Dabei soll die Strategische Allianz über ein breiteres Spektrum potenzieller technischer Lösungen verfügen und die Erzielung technologischer Durchbrüche beschleunigt werden, um neue Produkte auf den Markt zu bringen (Renault Group, 2010).

Die beiden Automobilhersteller verfolgen einen gemeinsamen Technologie-Plan. Die Technologie-Strategie der Allianz ist aufgebaut auf die Säulen: Sicherheit, Umwelt-CO2, "Life-on-Board" und dynamische Leistungsfähigkeit. Diese vier Säulen bestimmen den Schwerpunkt zukünftiger Investitionen in Technologien und Innovationen (Renault-Nissan, 2009).

Die Strategische Allianz beschloss erhebliche Investitionen in das *"Null-Emissions-Geschäft"* und erklärte die Massen-Vermarktung von Elektrofahrzeugen zu einem der Eckpfeiler der gemeinsamen Umwelt-Strategie (Renault, 2011a). Die Renault-Nissan Allianz tätigte bereits Investitionen von mehr als $4 Milliarden in die Konstruktion und die Fertigung von elektrischen Fahrzeugen und Batterien. Der schnelle und tiefe Einstieg in das Batterie- und Elektrofahrzeuggeschäft wurde nur durch die Bündelung der individuellen Stärken und Ressourcen beider Unternehmen ermöglicht (Renault Group, 2010, S. 40).

Produktplanung und Produktion

Die Strategische Allianz hat zum Ausbau der Produktportfolios von Renault und Nissan beigetragen. Nissan konnte sein Angebot an leichten Nutzfahrzeugen (beispielsweise der Renault Kangoo / Nissan Kubistar) in Europa durch "Badge-Engineering[31]" von Renault Produkten erweitern. Renault erhielt mit dem "Koleos" zum Beispiel ein von Nissan entwickeltes Fahrzeug mit modernster Allradtechnik, bei dem Renault nur das neue Design beisteuerte (Renault-Nissan, 2009).

---

[31] Der Begriff Badge Engineering findet hauptsächlich in der Automobil- und Elektroindustrie Anwendung. Er beschreibt die Tatsache, dass die Ingenieurleistung sich nur auf das Markenemblem (badge) bezieht. Beim Badge Engineering wird ein gleiches oder ähnliches Produkt unter verschiedenen Markennamen angeboten. Die einzelnen Marken können so mit geringen Kosten ihr Produktportfolio erweitern. Dabei werden oft nur minimale Veränderungen und optische Differenzierungen am Produkt vorgenommen.

Zudem werden gemeinsame Plattformen und Teile (Teile, die für Kunden nicht sichtbar sind wie bspw. Getriebe oder Klimaanlagen) von der Renault-Nissan Allianz als Instrumente zur Erzielung von Skaleneffekten und zur Reduzierung von Entwicklungs- und Produktionskosten verwendet (Renault-Nissan, 2009). Diese Instrumente sind ein wesentlicher Faktor für den gemeinsamen Erfolg der Strategischen Allianz und werden zunehmend weiterentwickelt und erweitert (Renault Group, 2010).

Gemeinsame Plattformen

Eine der ersten gemeinsamen Plattformen, die B-Plattform, wird bereits seit dem Jahr 2002 von Nissan eingesetzt. Zu Beginn produzierte Nissan die Modelle "Micra" und "Cube" auf der Plattform. Seit Einführung der B-Plattform wurden sechs weitere Nissan Modelle (bspw. "Note") auf Basis der Plattform produziert. Im Jahr 2004 führte Renault mit dem Modell "Modus" das erste Fahrzeug ein, das die gemeinsame B-Plattform nutzte. Ein Jahr später folgte das neue Modell des Renault "Clio". Die gemeinsame Nutzung der B-Plattform innerhalb der Strategischen Allianz wurde zunehmend ausgebaut. Im Jahr 2008 folgte die neue Generation den Nissan Cube auf Basis der Plattform. Zudem basiert das 2004 eingeführte Modell "Logan", das unter den Marken Dacia in Europa, Nissan in Mexiko und als Mahindra-Renault in Indien vermarktet wird, auf einer gemeinsamen Ableitung der B-Plattform. Für die Zukunft werden weitere Modelle auf dieser vielseitigen Plattform geplant. Zum Beispiel sind die Modelle "Sandero" und "Duster" der Logan-Familie mit mehr Auslastung für Nissan in der Zukunft auf Basis der Kernplattform geplant (Renault Group, 2010, S. 39).

Die zweite gemeinsame Plattform, die C-Plattform, wurde mit der Einführung der neuen Generation des Renault "Megane" im Jahr 2002 eingeführt. Nissan übernahm die gemeinsame C-Plattform mit dem Start des Modells "Lafesta" im Jahr 2004. Seitdem nutzte Nissan die C-Plattform für sechs weitere Modelle. Im Jahr 2007 wurde auf Basis der Plattform das Modell "Qashqai" gestartet. Auch weitere Renault Modelle, wie bspw. der "Koleos" basieren auf der gleichen Plattform. Ab dem Jahr 2009 wurde die C-Plattform für die erneuerten Renault Modelle "Megane", "Scenic" und "Fluence" genutzt (Renault Group, 2010, S. 39).

Im Jahr 2008 repräsentierten die auf der gemeinsamen B- (insbesondere Nissan "Tiida"/"Versa" und Renault "Clio") und C-Plattform (vor allem Renault "Megane"/"Scenic" und Nissan "Qashqai") produzierten Fahrzeuge, mehr als 50 Prozent der weltweit abgesetzten Fahrzeuge der Strategischen Allianz (Renault-Nissan, 2009, S. 12).

Die dritte gemeinsame Plattform, die V-Plattform (V steht hierbei für vielseitig), ist das Fundament der neuen Generation des Nissan "Micra" und wurde durch die Strategische Allianz ermöglicht. Anstatt das Projekt in den etablierten Märkten einzuführen, wurde auf Initiative von Nissan, die Produktion mit branchenführenden Methoden eines komplett neuen Modells in den Auslandstandorten von Indien, China, Thailand und Mexiko begonnen. Die V-Plattform verdeutlicht die Synergie-Potentiale zwischen den kooperierenden Unternehmen der Strategischen Allianz. Die Ausrichtung der Renault-Nissan Allianz bei dieser neuen Plattform liegt auf dem Austausch von Wissen und "Best Practices". Das neue Modell des Nissan "Micra" wird auf Basis dieser neuen Plattform in Indien montiert. Renault verfügt über mehr Erfahrung und Wissen bei der Beschaffung in Indien. Zudem erhält der Nissan "Micra" Renault Diesel- und Benzin-Motoren (Renault Group, 2010, S. 39).

Gemeinsame Teile, Getriebe und Motoren

Einer der ersten Schritte zur Erzielung von Synergien innerhalb der Strategischen Allianz, war der Austausch von Teilen und Komponenten über die gemeinsamen Plattformen hinweg. Das Ziel war die Verwendung von gleichen Teilen oder Komponenten bei verschiedenen Modellen in unterschiedlichen Fahrzeugsegmenten. Allein im Jahr 2009 realisierte die Renault-Nissan Allianz Synergien von ca. 50 Millionen € durch den erweiterten Einsatz gemeinsamer Teile und Komponenten (bspw. Klimaanlagen, Federbeine, Stoßdämpfer usw.) (Renault Group, 2010, S. 39).

Seit dem Jahr 2009 verfolgt die Renault-Nissan Allianz eine neue Strategie zur Erzielung von Synergien bei der Verwendung von gemeinsamen Teilen und Komponenten. Eine umfangreiche Analyse der Entwicklungsstandards, Teilespezifikationen und -anforderungen wurde unter der Führung beider Kooperationspartner gestartet. Ziel ist die Einführung gemeinsamer Allianz-Standards für die Entwicklung und Fertigung zukünftiger Fahrzeuge. Der neue Ansatz sieht die Verwendung von gemeinsamen Modulen in den Modellen von Renault und Nissan vor. Die kooperierenden Unternehmen der Strategischen Allianz erwarteten eine erhebliche Kostenreduktion durch die Verwendung von gemeinsamen Modulen (Renault Group, 2010, S. 40).

Ein weiterer Bereich der frühzeitig von Renault und Nissan zu Beginn der Strategischen Allianz bearbeitet wurde, war die gemeinsame Verwendung von Motoren und Getrieben. Das Ziel war die Verwendung von gemeinsamen Allianz-Antrieben in der Mehrheit der Modelle von Renault und Nissan. Um das Know-how beider Kooperationspartner (Renault bei Dieselmotoren, Nissan bei Benzinmotoren) zu nutzen, wurden Motoren und Getriebe in der Allianz gemeinsam entwickelt (Renault-Nissan, 2009). Die kooperierenden Unternehmen teilten sich Design- und Entwicklungskosten sowie die Rechte an geistigem Eigentum. Somit ist der Antriebsstrang ein gemeinsames Produkt der Strategischen Allianz (Renault Group, 2010). Zudem werden bestehende Motoren und Getriebe zwischen Renault und Nissan ausgetauscht. Zum Beispiel der 3,5-Liter Benzinmotor von Nissan im Renault Modell "Laguna" und Renaults 1,5-Liter Dieselmotor im Nissan Modell "Qashqai" (Renault-Nissan, 2009, S. 12).

Gemeinsame Fertigung

Die kooperierenden Unternehmen der Strategischen Allianz haben einen aktiven Austausch von Know-how und "Best Practices" im Bereich der Fertigung umgesetzt. Durch das Implementieren einiger Standards aus der Produktionstechnik von Nissan, konnte die Produktivität des Renault Produktionssystems um 15 Prozent seit der Übernahme erhöht werden (Renault-

Nissan, 2009, S. 17). Die Kooperationspartner arbeiten weiterhin an der gemeinsamen Verbesserung der Produktionswege. Durch das Zusammenführen von Know-how und "Best Practices" von Renault und Nissan sollen durch gemeinsame Prozesse oder ein integriertes Allianz-Produktionssystem weitere Synergien und Verbesserungen erzielt werden (Renault Group, 2010). Zudem ist es innerhalb der Strategischen Allianz möglich, die Produktionskapazitäten des Kooperationspartners zu nutzen (Renault-Nissan, 2009).

Internationale Strategische Allianzen in der Automobilindustrie

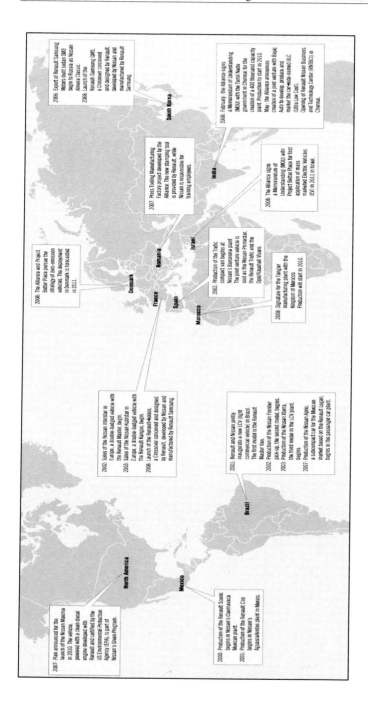

Abbildung 28 Internationale Kooperationsbereiche der Renault-Nissan Allianz
Quelle: (Renault-Nissan, 2008, S. 30f)

4.7 Leistungen und strategische Entwicklungen der Renault-Nissan Allianz

In diesem Abschnitt werden die Leistungen und Entwicklungen der Strategischen Allianz dargestellt. Die gemeinsamen Leistungen der kooperierenden Unternehmen in der Renault-Nissan Allianz werden anhand von Marktzahlen präsentiert. Zudem werden die strategischen Entwicklungsmöglichkeiten in Bezug auf die Erschließung neuer Märkte und das Eingehen weiterer Kooperationen skizziert.

4.7.1 Leistungen der Renault-Nissan Allianz

Seit dem Beginn der Strategischen Allianz zwischen Renault und Nissan im Jahr 1999 konnten die kooperierenden Unternehmen ihren Fahrzeugabsatz (s. Abb. 29) von ca. 4,9 Millionen Einheiten auf ca. 7,28 Millionen Einheiten im Jahr 2010 um ca. 49 Prozent steigern. Die Nissan Motor konnte ihren Fahrzeugabsatz in dem genannten Zeitraum von ca. 2,51 Millionen auf ca. 4,08 Millionen Einheiten um 63 Prozent steigern. Die Renault Group konnte im selben Zeitraum den Absatz von ca. 2,39 Millionen auf ca. 3,2 Millionen Fahrzeuge erhöhen.

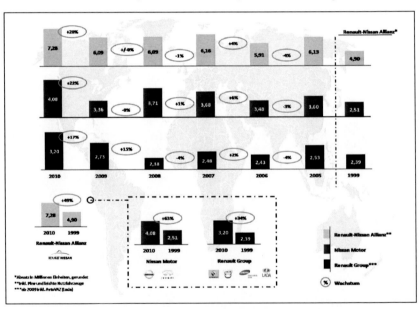

Abbildung 29 Absatzentwicklung der Renault-Nissan Allianz
Quelle: (Renault-Nissan, 2009; Renault Group, 2010; Nissan, 2011a); eigene Darstellung

Die beiden Kooperationspartner verzeichneten in den Krisenjahren zwischen 2007 und 2009 Absatzrückgänge bei den Kernmarken von Renault und Nissan. Die Nissan Motor konnte sich im Jahr 2010 nach der Wirtschaftskrise mit einem Wachstum von ca. 22 Prozent im Vergleich zum Vorjahr gut erholen. Das starke Wachstum der Renault Group in den Jahren 2009 und 2010 von 15 Prozent bzw. 17 Prozent wurde begünstigt durch die Konsolidierung mit dem russischen Automobilhersteller AvtoVAZ (Automarke Lada). Im Jahr 2008 übernahm die Renault Group eine Beteiligung von 25 Prozent an AvtoVAZ und ging eine strategische Partnerschaft zum Erschließen des russischen Automobilmarkts ein (Renault, 2011b).

Die kooperierenden Unternehmen Renault und Nissan erzielten 2010 das erfolgreichste Jahr in der Geschichte der Strategischen Allianz (Renault, 2011a). Mit 7.276.398 Fahrzeugen[32] verkaufte die Renault-Nissan Allianz 19,6 Prozent mehr im Vergleich zum Vorjahr und erreichte ein Rekordergebnis. Nach Angaben der Renault-Nissan Allianz betrug der globale Marktanteil in der Automobilindustrie dabei 10,3 Prozent. Der Anteil am Absatz von Renault mit 2.625.796 Fahrzeugen und Nissan mit 4.080.588 Fahrzeugen lag bei 36 Prozent bzw. 56 Prozent. Zudem erzielte das Unternehmen AvtoVAZ (Automobilmarke Lada) mit 570.014 Fahrzeugen einen Anteil von 8 Prozent am Absatz der Renault-Nissan Allianz. Der weltweite Absatz von Renault und Nissan erhöhte sich um 14 Prozent bzw. 21,5 Prozent im Vergleich zum Vorjahr. Das Unternehmen AvtoVAZ konnte beim Absatz mit der Automarke Lada um 37,6 Prozent im Vergleich zu Vorjahr wachsen (Nissan, 2011c).

	Total Alliance	Market Share [%]
China	1.038.343	6,2
United States	908.570	7,8
France	803.336	30,1
Russia (incl. Lada)	699.416	36,5
Japan	647.864	13,2
Germany	232.661	7,5
United Kingdom	209.812	9,3
Mexico	207.564	25,3
Italy	201.498	9,4
Brazil	196.073	5,9

Abbildung 30 Top 10 Absatzmärkte der Renault-Nissan Allianz im Jahr 2010
Quelle: (Renault Group, 2010, S. 44)

---

[32] Pkw und leichte Nutzfahrzeuge

Internationale und interkulturelle Projekte erfolgreich umsetzen

Der wichtigste Absatzmarkt der Renault-Nissan Allianz (s. Abb. 30) im Jahr 2010 war mit über 1 Million Fahrzeuge und einem Marktanteil von 6,2 Prozent China. Die weiteren großen Absatzmärkte der Strategischen Allianz lagen in den Regionen Nordamerika, Westeuropa, Russland und Japan. Zudem zählte der Wachstumsmarkt Brasilien mit 196.073 Fahrzeugen bereits zu den zehn Hauptabsatzmärkten der Renault-Nissan Allianz (Nissan, 2011c).

Die Strategische Allianz zwischen Renault und Nissan konnte im Jahr 2010 sowohl auf den etablierten als auch auf den wichtigsten Wachstumsmärkten (s. Abb. 31) in der internationalen Automobilindustrie ihre Produkte verkaufen. Dabei erzielte die Renault Group ihren Fahrzeugabsatz vor allem in den Regionen von Westeuropa, Russland, Brasilien und Südkorea. Mit 743.486 verkauften Fahrzeugen und einem Marktanteil von 27,9 Prozent war Frankreich der wichtigste Automobilmarkt im Jahr 2010. Die Nissan Motor verkaufte den Hauptteil der Fahrzeuge in den Regionen der NAFTA mit 1.181.101 Einheiten, China mit 1.023.638 und dem Heimatmarkt Japan mit 645.320 Einheiten (Renault Group, 2010).

Top 10 Renault Group Markets				Top 10 Nissan Markets			
countries	total units		market share	countries	total units		market share
France	743.486		27,9 %	China	1.023.638		6,2 %
Russia [1]	615.128		32,3 %	USA	908.570		7,8 %
Germany	171.411		5,5 %	Japan	645.320		13,0 %
Brazil	160.297		4,8 %	Mexico	189.518		23,1 %
South Korea [2]	155.697		10,1 %	UK	96.419		4,3 %
Italy	140.678		6,6 %	Russia	84.288		4,4 %
Spain	124.813		11,4 %	Canada	83.013		5,3 %
Turkey	114.111		14,9 %	Australia	62.670		6,1 %
UK	113.393		5,0 %	Germany	61.250		2,1 %
Belgium+Luxemb.	84.696		12,9 %	Italy	60.820		2,9 %
[1] Lada: 518.662 units / Renault: 96.466 units [2] Renault Samsung Motors.							

Abbildung 31 Top 10 Absatzmärkte von Renault und Nissan im Jahr 2010
Quelle: (Renault Group, 2010, S. 45)

Die Renault-Nissan Allianz erzielte im Jahr 2010 einen Gesamtumsatz (s. Abb. 32) von ca. 109 Milliarden €. Dabei lieferte Nissan Motor mit ca. 72,6 Milliarden € einen Anteil von ca. 67 Prozent. Die Renault Group konnte mit ca. 39 Milliarden einen Anteil von 33 Prozent erzielen. Beide Kooperationspartner konnten positive Ergebnisse realisieren und die Strategische Allianz erzielte einen operativen Gewinn von ca. 5,5 Milliarden €. Die operative Marge der Renault-Nissan Allianz betrug ca. 5 Prozent (Renault Group, 2010).

Die Allianz zwischen Renault und Nissan gibt den kooperierenden Unternehmen einen Wettbewerbsvorteil in der Automobilindustrie und spielte eine entscheidende Rolle bei der strategischen Ausrichtung beider Unternehmen während der globalen Wirtschaftskrise in den Jahren 2008 und 2009 (Renault, 2011a).

Ein wichtiger Aspekt ist die langfristige Zielsetzung zur Realisierung von Synergie-Effekten zwischen den kooperierenden Unternehmen (Renault Group, 2010). Durch das Zusammenführen der Aktivitäten beider Kooperationspartner in strategischen Bereichen, wird versucht Kosten einzusparen und die Reaktionsfähigkeit auf Marktveränderungen zu erhöhen. Im Jahr 2009 konnte die Renault-Nissan Allianz Synergien (s. Abb. 33) in Höhe von 1,9 Milliarden € erzielen (Renault, 2011a). Dabei wurde das in dem Geschäftsjahr selbst gesetzte Ziel von 1,5 Milliarden € sogar übertroffen (Renault-Nissan, 2009).

million €	Renault	Nissan [1]	Intercompany eliminations	Alliance
Sales of goods and services	37.654	68.324	(2.755)	103.233
Sales financing revenues	1.317	4.321	(72)	5.566
gesamt:	38.971	72.645	(2.827)	108.789

	Operating margin	Operating income	Net income [2]
Renault	1.099	635	2.406
Nissan [1]	4.375	4.169	2.613
Alliance	5.474	4.804	5.019

[1] converted at the average exchange rate for 2010: 1 EUR = 116,5 JPY

[2] Renault's net income is adjusted to exclude Nissan's contribution and Nissan's net income is similarly adjusted to exclude Renaut's contribution

Abbildung 32 Umsatz und Ergebnis der Renault-Nissan Allianz im Jahr 2010
Quelle: (Renault Group, 2010, S. 60)

Die realisierten Synergien werden in strukturelle und regionale Kooperationsbereiche unterteilt (Renault Group, 2010, S. 39). Der größte Synergie-Bereich im Jahr 2009 war mit 395 Millionen € die gemeinsame Beschaffung. Gefolgt von der gemeinsamen Fahrzeugentwicklung mit 350 Millionen €, Maschinenbau mit 290 Millionen € und Logistik und Herstellung mit 238 Millionen €. Die Synergien durch regionale Kooperationen betrugen 150 Millionen € (Renault, 2011a). Die kooperierenden Unternehmen der Strategischen Allianz treiben die Identifizierung weitere Synergien kontinuierlich voran. Zu diesem Zweck werden Teams eingesetzt, die auf allen Unternehmensebenen weitere Synergie-Potentiale analysieren und eine größere Vereinheitlichung und Standardisierung der Aktivitäten und Prozesse für die Zukunft fördern (Renault Group, 2010). Die strategischen Bereiche zur Förderung weiterer Synergien sind zum Beispiel die Beschaffung und die Nutzung von gemeinsamen Plattformen, Antrieben und Teilen (Renault-Nissan, 2009).

Die Strategische Allianz zwischen Renault und Nissan kann auf Grundlage der dargestellten Leistungen als sehr erfolgreich bezeichnet werden. Beide Kooperationspartner konnten im Verlauf der Zusammenarbeit sowohl Skalen- als auch Synergie-Effekte realisieren. Zudem ist die gemeinsame Kooperation zwischen dem französischen und dem japanischen Automobilhersteller ein langfristiges und stabiles Bündnis in der internationalen Automobilindustrie.

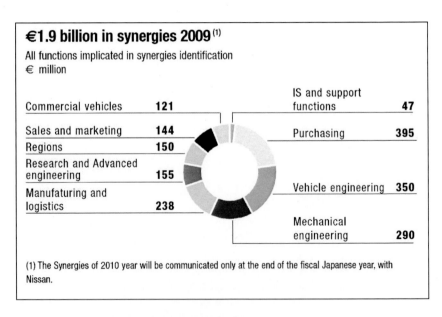

Abbildung 33 Synergien der Renault-Nissan Allianz im Jahr 2009
Quelle: (Renault, 2011a, S. 10)

Die Renault-Nissan Allianz konnte seit dem Jahr 1999 ihren Fahrzeugabsatz um 49 Prozent steigern. Dabei konnten beide Kooperationspartner vom Wachstum profitieren und ihren Absatz von Fahrzeugen weltweit steigern. Die Nissan Motor generierte das Wachstum über die

Internationale Strategische Allianzen in der Automobilindustrie

Kernmarke Nissan, wogegen die Renault Group Wachstum hauptsächlich durch die strategische Beteiligung am russischen Automobilhersteller AvtoVAZ generierte.

Die Ziele im Erschließen neuer Absatzmärkte wurden von beiden Unternehmen bisher nicht ausreichend erreicht. Die Renault Group verkauft ihre Fahrzeuge vorwiegend in den Regionen von Westeuropa, Brasilien und Südkorea. Zudem wurde die Region Russland durch die Zusammenarbeit mit AvtoVAZ erschlossen. Die Ziele zur signifikanten Steigerung der Präsenz in Nordamerika und anderen asiatischen Märkten wurden bisher nicht realisiert. Der Hauptabsatz von Nissan Motor liegt in den Regionen der NAFTA und Japan. Der japanische Automobilhersteller konnte vor allem seine Präsenz auf dem wichtigen Wachstumsmarkt von China ausbauen. Die Erweiterung der Aktivitäten in Westeuropa erreichte bisher nicht das angestrebte Ausmaß.

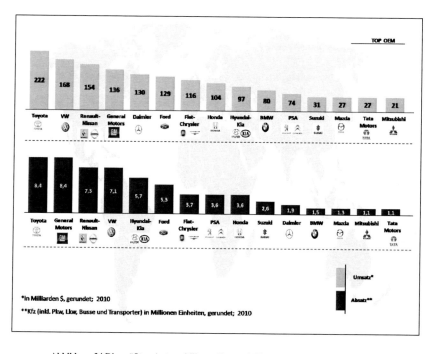

Abbildung 34 Die größten Automobilhersteller nach Umsatz und Absatz im Jahr 2010
Quelle: (Automobil Produktion, 2011; Fortune, 2011; VDA, 2011); eigene Darstellung

105

Trotz dieser Einschränkungen konnte die Renault-Nissan Allianz das selbst gesteckte Ziel, zu den Top 3 Automobilherstellern (s. Abb. 34) weltweit zu gehören, in Bezug auf Absatz und Umsatz erreichen. Auch die Ziele der Profitabilität wurden mit Einschränkungen von beiden Unternehmen erreicht. Beide Kooperationspartner erzielten im Jahr 2010 positive Unternehmensergebnisse und die Strategische Allianz konnte mit einer operativen Marge von ca. 5 Prozent ein solides Ergebnis im Vergleich zu anderen Volumenherstellern erreichen (Nissan, 2011b; Renault, 2011a).

Die kooperierenden Unternehmen der Strategischen Allianz konnten im Jahr 2009 Synergien bei den gemeinsamen Aktivitäten in strategischen Geschäftsbereichen in Höhe von 1,9 Milliarden € realisieren. Dabei wurde die eigene Zielsetzung von 1,5 Milliarden € übertroffen und die Ziele für die Zukunft weiter erhöht (Renault Group, 2010; Renault, 2011a).

4.7.2 Strategische Entwicklungen der Renault-Nissan Allianz

Die Kooperationspartner der Renault-Nissan Allianz verfolgen eine internationale Wachstumsstrategie. Durch schließen weiterer Kooperationen in wichtigen strategischen Bereichen und dem Ausbau der Aktivitäten in den Wachstumsmärkten der internationalen Automobilindustrie, sollen weitere Wettbewerbsvorteile erzielt und die Leistungen der Strategischen Allianz zunehmend gesteigert werden.

Strategische Kooperation mit der Daimler AG

Im Jahr 2010 gaben die Renault-Nissan Allianz und die Daimler AG eine strategische Partnerschaft bekannt. Die Bereiche zur Zusammenarbeit der Strategischen Allianz mit dem deutschen Automobilhersteller fokussieren sich auf die gemeinsame Entwicklung zukünftiger Kleinwagengenerationen, die gemeinsame Entwicklung und Erweiterung von Motoren sowie die Kooperation im Bereich von Elektrofahrzeugen und Antrieben (FAZ, 2010; Renault Group, 2010). Zudem erfolgte eine gegenseitige Beteiligung der Unternehmen, wobei die Renault-Nissan Allianz 3,1 Prozent der Anteile an der Daimler AG übernahm und im Gegenzug die Daimler AG 3,1 Prozent an den Unternehmen der Strategischen Allianz übernahm (Renault, 2011c).

Die Ziele der Kooperation sind der Zugang zu neuen Technologien und Know-how und die Erzielung von Skaleneffekten zur Senkung der Kosten. Diese Ziele sollen erreicht werden, indem die neue Generation der Kleinwagen Modelle "Twingo" von Renault und "Smart" von Daimler gemeinsam entwickelt und produziert werden. Zudem sollen Motoren und Getriebe zwischen den Kooperationspartner ausgetauscht werden und die Reichweite der bestehenden und zukünftigen Produktpaletten erhöht werden. Renault liefert kleine 3-Zylinder Benzinmotoren und 4-Zylinder Dieselmotoren an die Daimler AG und im Gegenzug werden 4- und 6-Zylinder Benzin- und Dieselmotoren von Mercedes an Nissan und die Marke Infiniti geliefert (Renault Group, 2011; Renault, 2011c).

Ausbau der Präsenz und Marktführerschaft in Russland

Im Jahr 2008 unterzeichnete Renault eine strategische Partnerschaft mit dem russischen Automobilhersteller AvtoVAZ und übernahm 25 Prozent der Unternehmensanteile. Das Ziel war die Verbesserung der Position im Wachstumsmarkt Russland, durch die Erneuerung, Erweiterung und die Entwicklung der Automobilmarke Lada (Renault, 2011b). Zum Erreichen der Ziele erhielt AvtoVAZ den Zugang zu Technologien und Know-how von Renault. AvtoVAZ erhielt Fahrzeugplattformen und Getriebe von Renault und durch eine gemeinsame Beschaffung sollte zudem die Qualität der Marke Lada verbessert werden (Renault Group, 2011).

Gemeinsam mit dem russischen Partner AvtoVAZ plant die Renault-Nissan Allianz den Ausbau der vorhanden Kapazitäten in Russland auf 1,6 Millionen Einheiten und die Erhöhung des Marktanteils auf 40 Prozent bis zum Jahr 2016 (Renault Group, 2011). Zudem ist eine Erhöhung der Beteiligung auf 50 Prozent von Renault geplant, um die Integration in die Renault Group fortzusetzen und weitere Größenvorteile in den Bereichen Entwicklung, Einkauf und Produktion zu erschließen (FAZ, 2011; Renault Group, 2011).

Die Nissan Motor plant eine Produktion und Wiedereinführung der Marke "Datsun" in Russland. Ab dem Jahr 2014 sollen die ersten Fahrzeuge der Mitte der 1980er Jahren eingestellten Marke in Russland auf den Markt kommen. Ein Start mit zwei Modellen ist geplant und die Montage soll bis zum Jahr 2016 durch die schrittweise Erweiterung der Modellpalette auf eine Kapazität von 100.000 Fahrzeuge wachsen. Das Ziel der Nissan Motor ist der Verkauf von Preiswerten Fahrzeugen auf den Wachstumsmärkten. Dabei ist eine Expansion mit der Marke "Datsun" auch nach Indien und Indonesien geplant (Nissan, 2012b; Automobilwoche, 2012a).

Investitionsoffensive in Brasilien

Im Jahr 2011 kündigte die Renault-Nissan Allianz Gesamtinvestitionen in Höhe von 1,3 Milliarden € in Brasilien an, um die Produktionskapazitäten und Verkäufe im wichtigen Wachstumsmarkt zu erhöhen. Nissan kündigte Investitionen in Höhe von 1,1 Milliarden € zum Bau eines Werks in Brasilien an, um künftig neue Modelle vor Ort zu entwickeln und zu produzieren. Renault kündigte eine Investition von über 200 Millionen € zum Ausbau der vorhanden Kapazitäten an. Die Produktionskapazitäten der Strategischen Allianz sollen bis zum Jahr 2016 auf 580.000 Einheiten erhöht werden (Renault Group, 2011).

Weitere Investitionen sind in Produkte und Vertriebsnetz geplant. Bis zum Jahr 2016 sollen 23 neue Modelle auf dem brasilianischen Markt eingeführt werden, wobei Nissan die Einführung von zehn neuen und Renault eine Einführung von 13 neuen Modellen geplant hatte. Zudem war eine Verdoppelung der Vertragshändler in Brasilien geplant, mit der Zielsetzung den Marktanteil im wichtigen Wachstumsmarkt auf 13 Prozent im Jahr 2016 zu steigern (Renault-Nissan, 2011).

Internationale und interkulturelle Projekte erfolgreich umsetzen

Erweiterung der Aktivitäten in Indien

Der Wachstumsmarkt Indien ist ein weiterer wichtiger Pfeiler der internationalen Wachstumsstrategie der Renault-Nissan Allianz. Die Produktionskapazität des 2010 eröffneten Werks in Indien sollte innerhalb der folgenden zwei Jahre von 200.000 auf 400.000 Einheiten verdoppelt werden. Zudem soll die Produktion von Benzin- und Dieselmotoren in Indien weiter ausgebaut werden. Durch die Einführung und Produktion weiterer Modelle ist der kontinuierliche Ausbau der Marktanteile in Indien geplant (Renault Group, 2011).

Neues Joint Venture mit Dongfeng in China

Der französische Hersteller Renault und der chinesische Hersteller Dongfeng haben 2012 eine Absichtserklärung zur Gründung eines gemeinsamen Joint Venture abgegeben. Unter anderem wird die gemeinsame Produktion von SUVs und Elektrofahrzeugen geplant. Zudem wird auch die Kooperation mit dem bereits bestehenden Joint Venture zwischen Dongfeng und Nissan geprüft. Für den japanischen Kooperationspartner der Strategischen Allianz ist China bereits der wichtigste Absatzmarkt. Die Renault Group hat großen Nachholbedarf im wichtigen Wachstumsmarkt und liegt im Vergleich zu anderen europäischen Konkurrenten mit einem Absatz von 24.000 Fahrzeugen im Jahr 2011 weit zurück. Der Start des gemeinsamen Joint Ventures zwischen Renault und Dongfeng ist zwischen den Jahren 2014 und 2016 geplant (Automobil Produktion, 2012; Automobilwoche, 2012b).

Neue Produktionsstätten in Nordafrika

Ein weiterer Baustein in der internationalen Expansionsstrategie der Renault-Nissan Allianz sind Investitionen in die nordafrikanischen Märkte von Marokko und Algerien. Das Ziel der Strategischen Allianz ist durch das Erschließen neuer Wachstumsmärkte die Abhängigkeit von Westeuropa weiter zu reduzieren. Zu diesem Zweck investierte die Renault-Nissan Allianz eine Milliarde € in ein modernes wettbewerbsfähiges Werk in Marokko mit einer jährlichen Kapazität von 400.000 Einheiten. Die neue Produktionsstätte wurde zu Beginn des Jahres 2012 eröffnet und soll dazu beitragen, die Marktführerschaft der Strategischen Allianz in Marokko weiter auszubauen. Mit den Marken Renault und Dacia erzielte die Renault Group im Jahr 2011 einen Marktanteil von 37 Prozent in Marokko (Renault, 2012b).

Ein weiteres kürzlich bekanntgewordenes Vorhaben sind geplante Investition in Algerien. Die Renault Group plant den Erwerb von Anteilen an einem Werk, um mittelfristig 150.000 Fahrzeuge in Algerien produzieren zu können. Auch in Algerien ist die Renault Group mit 75.000 abgesetzten Fahrzeugen im Jahr 2011 der Marktführer (Automobilwoche, 2012e).

5 Schlussbetrachtung

Die Umwelt von internationalen Unternehmen hat sich in den letzten Jahrzehnten stark verändert. Die Globalisierung führte zu einschneidenden Veränderung bei den Bedingungen auf den internationalen Märkten. Ein intensiverer Verdrängungswettbewerb, Kostendruck in Entwicklung und Produktion und ein zunehmender Innovationsdruck durch eine hohe Dynamik in der globalen Nachfrage sind Herausforderungen, die viele Unternehmen nicht mehr im Alleingang bewältigen können. Zur Bewältigung dieser Herausforderungen sind internationale Strategische Allianzen in den letzten Jahren zu einer weit verbreiteten Strategie bei internationalen Unternehmen geworden. Die Vorteile dieser grenzüberschreitenden Bündnisse zwischen zwei oder mehreren rechtlich selbständigen Unternehmen liegen in der Erzielung von Kostenvorteilen durch die Realisierung von Skalen- und Synergie-Effekten, dem gezielten Zugang zu benötigten Ressourcen sowie dem Zugang zu neuen internationalen Märkten. Zudem ermöglicht die Kooperation in einer Strategischen Allianz die Realisierung von Zeitvorteilen und die Reduzierung von Risiken in den Wachstumsstrategien der Unternehmen. Diesen Vorteilen stehen aber auch erhebliche Risiken gegenüber. Mehr als die Hälfte aller Strategischen Allianzen zwischen internationalen Unternehmen erreichen die gesteckten Ziele nicht und scheitern. Die häufigsten Ursachen für das Scheitern sind mangelndes Vertrauen und der fehlende Fit zwischen den kooperierenden Unternehmen (Park & Ungson, 2001; Kale & Singh, 2009).

Das Ziel der vorliegenden Studie war, die Herausforderungen und kritischen Erfolgsfaktoren von Strategischen Allianzen darzustellen und zu erläutern. Zum Erreichen dieser Zielsetzung, wurde ein Fünf-Phasen-Modell zugrunde gelegt, das den Lebenszyklus von Strategischen Allianzen in logischer und zeitlicher Abfolge darstellt. Das Fünf-Phasen-Modell ist ein Managementinstrument, das zur Verbesserung der Leistungsfähigkeit von Strategischen Allianzen beitragen kann. Die Identifizierung der phasenspezifischen Faktoren hilft dem Management von Unternehmen die Effizienz und Stabilität der Strategischen Allianz nachhaltig zu sichern und die Gefahr des Scheiterns zu reduzieren. Zu Beginn ist es wichtig, dass Unternehmen ihre Allianz-Strategie auf Grundlage ihrer Gesamtunternehmensstrategie ableiten und ausrichten und eine geeignete Form der Zusammenarbeit wählen, um ihre festgelegten Ziele zu erreichen. Im zweiten Schritt erfolgt die Partnerwahl. Hierbei zählen Komplementarität, Kompatibilität sowie das gegenseitige Vertrauen und Commitment zu den zentralen Erfolgsfaktoren. In der dritten Phase sind gemeinsame klare Ziele und Verantwortung sowie die effiziente Gestaltung und Strukturierung erfolgskritische Faktoren bei einer Strategischen Allianz. In der Implementierungsphase sind der Einsatz von Kontroll- und Konfliktlösungsmechanismen von großer Bedeutung für den Erfolg einer Strategischen Allianz. Dabei entscheidet vor allem die effektive Entwicklung von relationalem Kapital über Erfolg oder Scheitern der Zusammenarbeit. Bei der Beurteilung des Erfolgs der Strategischen Allianz ist es wichtig, dass die kooperierenden Unternehmen eine festgelegte und einheitliche Messung zur Beurteilung der gemeinsamen Aktivitäten verwenden. Die Messung sollte die Motive und Ziele der

Strategischen Allianz in den Vordergrund stellen und aussagekräftige Ergebnisse liefern. Diese Ergebnisse bilden die Grundlage für zukünftige Entscheidungen in Bezug auf die Entwicklung der Strategischen Allianz. Der Aufbau von Vertrauen und die offene Kommunikation zwischen den kooperierenden Unternehmen sind Faktoren, die über den gesamten Lebenszyklus von Strategischen Allianzen von großer Bedeutung für den gemeinsamen Erfolg sind.

Die Identifikation von kritischen Faktoren für den Erfolg einer Strategischen Allianz ist mit Schwierigkeiten verbunden. Die einzelnen Erfolgsfaktoren können interdependent miteinander verknüpft sein und sich gegenseitig beeinflussen. Die Faktoren sind daher nicht unabhängig voneinander, zum Beispiel beeinflusst das Ausmaß von gegenseitigem Vertrauen den Einsatz von formalen Kontrollmechanismen. Es kann somit festgehalten werden, dass bestimmte Faktoren nicht isoliert betrachtet werden können, sondern zusammen mit anderen Faktoren einen kumulativen Effekt auf den Erfolg einer Strategischen Allianz haben. Aufgrund der Mehrdimensionalität und der Vielzahl von möglichen Faktoren ist es demnach schwierig, die exakten Ursachen für den Erfolg bzw. das Scheitern einer Strategischen Allianz zu bestimmen. Die weitergehende Analyse der Interdependenzen zwischen den potentiellen Erfolgsfaktoren stellt einen weiteren zukünftigen Schritt in diesem Themengebiet dar.

Die im vorliegenden Buch ausgewählten und dargestellten Erfolgsfaktoren, werden in der Kooperationsliteratur als besonders wichtig angesehen. Zudem wurden Merkmale und Faktoren herausgearbeitet, die im Zusammenhang mit der internationalen Automobilindustrie von großer Bedeutung sind. Strategische Allianzen sind eine weitverbreitete Form der Zusammenarbeit in der Automobilindustrie. Sämtliche bedeutende Automobilhersteller verfügen bereits über Verbindungen und Verflechtungen zu anderer OEMs in Form von Strategischen Allianzen und Joint Ventures. Die Hauptmotive dieser Bündnisse unter Wettbewerbern sind, der Zugang zu neuen Märkten und Kundensegmenten, die gemeinsame Entwicklung und Herstellung von Fahrzeugen, Motoren und anderen Komponenten sowie die Senkung von Kosten durch Skalen- und Synergie-Effekte. Zudem werden Kooperationen zwischen Automobilherstellern geschlossen, um den Zugang zu wettbewerbsrelevanten Technologien oder Fähigkeiten zu erhalten. Dabei erstreckt sich die Zusammenarbeit zwischen Automobilherstellern auf alle strategischen Bereiche der automobilen Wertschöpfungskette. Die zentralen Erfolgsfaktoren bei dieser Zusammenarbeit in der Automobilindustrie sind gegenseitiges Vertrauen, Commitment und Kommunikation. Die größten Risiken liegen im Abwandern von Knowhow und in hohen Kosten verursacht durch die Koordination der komplexen unternehmensübergreifenden Geschäftsprozesse. Die strategischen, strukturellen und kulturellen Unterschiede der Automobilhersteller und abweichende Vorstellungen bei Zielen und Beurteilungen von Ergebnissen erschweren zudem die gemeinsamen Aktivitäten in Strategischen Allianzen.

Strategische Allianzen haben sich als wichtiges Instrument zur Steigerung der Wettbewerbsfähigkeit in der internationalen Automobilindustrie etabliert. Nach gescheiterten Fusionen und Übernahmen in der Vergangenheit, ist der aktuelle Trend in der Wettbewerbsstruktur der internationalen Automobilindustrie zunehmend durch Strategische Allianzen geprägt. Beispielsweise stieg im Jahr 2009 der italienische OEM Fiat beim angeschlagenen US-amerikanischen Automobilhersteller Chrysler ein. Mit dem Einstieg verfolgte Fiat die Ausweitung der eigenen Aktivitäten auf dem wichtigen US-Markt und erhofft sich die Realisierung von Skalen- und Synergie-Effekten in der gemeinsamen Entwicklung, Herstellung und dem Vertrieb von Fahrzeugen. Chrysler hingegen benötigt finanzielle Mittel zur Restrukturierung des Unternehmens (Forbes, 2009). Im selben Jahr stieg der deutsche Volkswagenkonzern mit einer Beteiligung von 19,9 Prozent beim japanischen OEM Suzuki ein. Das Ziel der Allianz waren Synergien bei dem Ausbau von gemeinsamen Aktivitäten auf Wachstumsmärkten in Asien sowie bei der Entwicklung und Produktion von Kleinwagen (Automobilwoche, 2009). Inzwischen steht die Kooperation zwischen den Unternehmen wegen starker Meinungsverschiedenheiten und dem Vorwurf von Vertragsbrüchen wieder vor dem Aus (Auto Motor und Sport, 2011). Der US-amerikanische Hersteller Ford und der japanische OEM Toyota unterzeichneten 2011 eine Vereinbarung zur Kooperation bei der Entwicklung von Hybridantrieben. Das Ziel der Strategischen Kooperation ist die schnellere Weiterentwicklung der Hybrid-Technologie, um die Hybrid-Fahrzeuge günstiger in den Markt bringen zu können. Toyota ist der weltweite Branchenführer bei der Hybrid-Technologie und Ford bietet mit dem Pick-up Modell F-150 das meistverkaufte Fahrzeug in den USA an (Manager Magazin, 2011). Im Jahr 2012 unterzeichnete Toyota zudem eine Kooperationsvereinbarung mit dem deutschen Premium-Hersteller BMW. Die gemeinsame Forschung bei der Batterietechnologie für Elektrofahrzeuge ist Fokus der zukünftigen Zusammenarbeit. Für BMW ist die Zusammenarbeit von großer Bedeutung. Der vergleichsweise kleine OEM kann mit Hilfe von Toyota die Entwicklung von Schlüsseltechnologien vorantreiben und die hohen Entwicklungskosten mit dem Kooperationspartner teilen. Toyota wird ab dem Jahr 2014 zudem von BMW mit kleinen Dieselmotoren beliefert. Der japanische OEM erhält somit Zugang zur ausgereiften Dieseltechnologie des deutschen Premium-Herstellers und kann seine Produktpalette in Europa aufwerten und erweitern (Automobilwoche, 2012c). Ein weiteres Beispiel von größerem Umfang ist die jüngst bekanntgegebene Strategische Allianz zwischen dem US-amerikanischen Automobilhersteller General Motors und dem französischen OEM PSA. GM übernimmt rund 7 Prozent der Anteile an PSA. Zusammen gerechnet kommen beide Konzerne auf ein jährliches Produktionsvolumen von ca. 13 Millionen Fahrzeugen. Das Bündnis wäre somit, mit Vorsprung, der weltweit größte Produzent von Automobilen. Die Bereiche für eine verstärkte Zusammenarbeit sind zunächst die gemeinsame Nutzung von Plattformen, Komponenten und Modulen in der Fertigung und die Bündelung der Einkaufsmacht in einem gemeinsamen Joint Venture. Beide Automobilhersteller erwarten signifikante Synergien in den nächsten Jahren und wollen die Unabhängigkeit der jeweiligen Marken bei der Vermarktung von Fahrzeugen beibehalten (Automobilwoche, 2012d). GM verfolgt mit der Strategischen Allianz das Ziel, die eigene Marktpositionierung vor allem in Europa zu verbessern und die Stellung als weltgrößter Automobilkonzern zu verteidigen. Für PSA kann durch den Zugang zu neuen finanziellen Mitteln die laufende Restrukturierung fortgesetzt werden und die Überlebensfähigkeit für die Zukunft gestärkt werden. Den erwarteten Vorteilen stehen aber auch Risiken gegenüber. Zwei befürchtete Risiken sind zum einen der Verlust der Unabhängigkeit von PSA und zum anderen der starke Wettbewerb der beiden OEM in vielen Fahrzeugsegmenten. Zudem wird die Strategische Allianz als verzweifelte Flucht und als letzte Chance für beide Unternehmen zur Begrenzung von Verlusten in Europa gesehen (Manager Magazin, 2012). Die genannten Beispiele verdeutlichen den ungebrochenen Trend und die Vielfältigkeit der strategischen Bereiche bei Kooperationen in der internationalen Automobilindustrie. Dabei werden nicht alle Partnerschaften die gesteckten Ziele erreichen und die Wettbewerbsposition der kooperierenden Unternehmen verbessern. Es bleib daher Abzuwarten und zu beobachten, welche Entwicklungen die genannten Kooperationen in der Zukunft nehmen. Es steht aber bereits jetzt fest, dass diese Zusammenschlüsse die Wettbewerbssituation in der internationalen Automobilindustrie weiter beeinflussen und verändern werden.

Ein positives Beispiel für den Bestand und die Entwicklung von internationalen Strategischen Allianzen in der Automobilindustrie ist die im vorliegenden Buch untersuchte Renault-Nissan Allianz. Die im Jahr 1999 von dem französischen OEM Renault und japanischem OEM Nissan gegründete Strategische Allianz operiert seit mehr als einem Jahrzehnt erfolgreich in der globalen Automobilindustrie. Die kooperierenden Unternehmen der Renault-Nissan Allianz konnten ihre Leistungsfähigkeit während der gemeinsamen Zusammenarbeit erheblich steigern. Auf Grundlage von gegenseitigem Vertrauen und Respekt etablierten Renault und Nissan eine beständige, stabile und erfolgreiche Partnerschaft in der internationalen Automobilindustrie. Durch die Bündelung der individuellen Stärken konnten die beiden Automobilhersteller in der Strategischen Allianz eine profitable Wachstumsstrategie realisieren. Die Komplementarität von Ressourcen und die Kompatibilität der strategischen Ausrichtung hatten dabei einen großen Einfluss auf den Erfolg der Renault-Nissan Allianz. Zudem stellten die beiden Unternehmen gegenseitige Loyalität und offene Kommunikation in den Vordergrund bei sämtlichen Aktivitäten. Dies wurde zum einen durch die gegenseitige Beteiligung der Unternehmen und zum anderen durch die gleichgewichtige Entscheidungsfindung bei der strategischen Ausrichtung der Zusammenarbeit unterstrichen. Die Unternehmen haben ein großes Interesse am Erfolg des anderen durch diese Verbindungen. Die gemeinsamen Aktivitäten wurden über die Jahre kontinuierlich ausgebaut und erweitert. Die Partner der Renault-Nissan Allianz kooperieren inzwischen in sämtlichen strategischen Bereichen entlang der automobilen Wertschöpfungskette.

Die Leistungen der Strategischen Allianz zwischen Renault und Nissan konnten seit Beginn der Zusammenarbeit kontinuierlich verbessert werden. Auch wenn bisher noch nicht sämtliche selbst gesetzte Ziele vom Bündnis erreicht wurden, so ist die gemeinsame Wettbewerbsposition der kooperierenden Unternehmen stark verbessert worden. Die beiden OEMs konnten signifikante Synergien in vielen strategischen Bereichen durch die Bündelung ihrer Ressourcen realisieren. Beide Unternehmen konnten in der Vergangenheit profitabel wachsen und ihre Produktpalette stetig ausbauen und erweitern.

Im vor kurzem abgelaufenen Geschäftsjahr 2011 konnte die Strategische Allianz mit 8.029.222 Fahrzeugen zum dritten Mal hintereinander ein neuen Rekord beim Absatz vermelden. Die Renault-Nissan Allianz konnte dabei einen globalen Marktanteil von 10,7 Prozent in der internationalen Automobilindustrie erreichen. Die wichtigsten Absatzregionen der Strategischen Allianz waren die NAFTA mit ca. 1,375 Millionen, China mit ca. 1,272 Millionen und Russland mit ca. 879.000 Einheiten (Renault-Nissan, 2012b).

Die Wachstumsstrategie der Renault-Nissan Allianz beruht auf dem Ausbau vorhandener Kooperationen mit anderen Hersteller in wichtigen strategischen Bereichen. Durch den Ausbau sollen weitere Skalen- und Synergie-Effekte realisiert werden und der Zugang zu Schlüsseltechnologien zum Ausbau und zur Erweiterung der Produktpaletten gewährleistet werden. Zudem sollen die internationalen Kapazitäten effizienter genutzt werden und neue Märkte durch die Produktion vor Ort erschlossen werden. Wichtige Eckpfeiler bei der internationalen Wachstumsstrategie der Strategischen Allianz sind die Wachstumsmärkte der BRIC-Staaten. Die Renault-Nissan Allianz plant umfangreiche Investitionen und Erweiterungen der Aktivitäten in den Automobilmärkten von Brasilien, Russland, Indien und China.

Die Zielsetzung der französisch-japanischen Allianz ist weiterhin die Positionierung unter den Top 3 Automobilherstellern in den Bereichen Qualität, Technologie und Rentabilität. Die gemeinsame Erfahrung aus über einem Jahrzehnt in der Zusammenarbeit, die Stabilität und die Werte des Bündnisses sowie die jüngsten strategischen Entwicklungen und Erfolge bilden eine sehr gute Ausgangsposition für die weitere gemeinsame Zukunft in der internationalen Automobilindustrie. Die Strategische Allianz zwischen Renault und Nissan wird daher auch zukünftig eine entscheidende Rolle im Wettbewerb der globalen Automobilindustrie spielen und kann anderen Automobilunternehmen als Vorbild für effektive Zusammenarbeit zwischen unabhängigen Unternehmen dienen.

Literaturverzeichnis

Amit, R., & Schoemaker, P. J. (1993). Strategic Assets and Organizational Rent. *Strategic Management Journal, 14* , 33-46.

Anderson, E. (1990). Two Firms, One Frontier: On Assessing Joint Venture Performance. *Sloan Management Review, 31(2)* , 19-30.

Arino, A., Garcia-Canal, E., & Valdes, A. (1999). Longevity of Strategic Alliances Between Competitors: A Dynamic Value Creation Approach. *Research Paper No. 404* .

Arthur D. Little. (2009). Shifting Centers of Gravity: The End of the Automotive Industry as We Know it? www.adl.com/shiftinggravity.

Auto Motor und Sport. (17. Oktober 2011). *Suzuki droht mit Schiedsgericht.* Abgerufen am 8. April 2012 von __www.auto-motor-und-sport.de_news_suzuki-vw-streit-suzuki-droht-mit-schiedsgericht-4051664

Automobil Produktion. (14. Februar 2011). *Die 15 größten Autobauer der Welt.* Abgerufen am 27. 12 2011 von http://www.automobil-produktion.de/2011/02/die-15-groessten-autobauer-der-welt-volkswagen-treppchen-verpasst/

Automobil Produktion. (23. April 2012). *Renault und Dongfeng planen gemiensame Fertigung.* Abgerufen am 27. April 2012 von http://www.automobil-produktion.de/2012/04/renault-und-dongfeng-planen-gemeinsame-fertigung/

Automobilwoche. (9. Dezember 2009). *Volkswagen und Suzuki schließen Allianz.* Abgerufen am 10. April 2012 von__www.automobilwoche.de_article_20091209_REPOSITORY_912090310_1276&ExpNodes=1263

Automobilwoche. (21. März 2012a). *Nissan produziert ab 2014 datsun in Russland.* Abgerufen am 22. März 2012 von http://www.automobilwoche.de/article/20120321/DPA/303219963/

Automobilwoche. (16. April 2012b). *Renault kooperiert mit Dongfeng.* Abgerufen am 16. April 2012 von http://www.automobilwoche.de/article/20120416/REPOSITORY/120419949/

Automobilwoche. (27. März 2012c). *BMW und Toyota unterzeichnen Kooperationsvertrag.* Abgerufen am 28. März 2012 von __www.automobilwoche.de_article_20120327_REPOSITORY_120329941_bmw-und-toyota-unterzeichnen-kooperationsvertrag

Automobilwoche. (29. Februar 2012d). *GM und PSA vereinbaren strategische Kooperation.* Abgerufen am 1. März 2012 von __www.automobilwoche.de_article_20120229_DPA_302299936_gm-und-psa-vereinbaren-strategische-kooperation

Automobilwoche. (30. April 2012e). *Renault plant offenbar Fabrik in Algerien*. Abgerufen am 30. April 2012 von http://www.automobilwoche.de/article/20120430/REPOSITORY/120439991/renault-plant-offenbar-fabrik-in-algerien

Backhaus, K., & Piltz, K. (1990). Strategische Allianzen. *Zeitschrift für betriebswirtschaftliche Forschung, Sonderheft 27*, 1-10.

Bamford, J., Ernst, D., & Fubini, D. G. (2004). Launching a World-Class Joint Venture. *Harvard Business Review, February*, 90-100.

Bamford, J., Gomes-Casseres, B., & Robinson, M. (2004). *Mastering Alliance Strategy: A Comprehensive Guide to Design, Management, and Organization*. San Francisco: Jossey-Bass.

Barney, J. (1986). Types of Competition and the Theory of Strategy: Toward an Integrative Framework. *Academy of Management Review, 11(4)*, 791-800.

Barney, J. (1991). Firm Resources and Sustained Competitive Advantage. *Journal of Management, 17(1)*, 99-120.

Barney, J., Wright, M., & Ketchen, D. J. (2001). The Resource-Based View of the Firm: Ten Years after 1991. *Journal of Management, 27(6)*, 625-642.

Becker, H. (2007). *Auf Crashkurs. Automobilindustrie im globalen Verdrängungswettbewerb, 2. Auflage*. Heidelberg: Springer.

Becker, H. (2010). *Darwins Gesetz in der Automobilindustrie. Warum deutsche Hersteller zu den gewinnern zählen*. Heidelberg: Springer.

Becker-Ritterspach, J. (2008). *Chinas und Indiens Automobilindustrien im Vergleich. Die Rolle staatlicher Industriepolitik*. Saarbrücken: VDM.

Bleeke, J., & Ernst, D. (1991). The Way to Win in Cross-Border Alliances. *Harvard Business Review, November-Dezember*, 127-135.

Bleeke, J., & Ernst, D. (1994). Mit internationalen Allianzen auf der Siegerseite. In J. Bleeke, & D. Ernst, *Rivalen als Partner: Strategische Allianzen und Akquisitionen im globalen Markt* (S. 34-53). Frankfurt a.M.: Campus.

Bleeke, J., & Ernst, D. (1995). Is Your Strategic Alliance Really a Sale? *Harvard Business Review, January-February*, 97-105.

Bleeke, J., Bull-Larsen, T., & Ernst, D. (1992). Wertsteigerung durch Allianzen. In C. Bronder, & R. Pritzl, *Wegweiser für Strategische Allianzen: Meilen- und Stolpersteine bei Kooperationen* (S. 102-125). Frankfurt a.M.: Gabler.

Boston Consulting Group. (November 2005). *The Role of Alliances in Corporate Strategy.* Abgerufen am 10. Februar 2012 von www.bcg.com.

Bronder, C., & Pritzl, R. (1992). *Wegweiser für Strategische Allianzen: Meilen- und Stolpersteine bei Kooperationen.* Frankfurt a.M.: Gabler.

Brouthers, K. D., Brouthers, L. E., & Harris, P. C. (1997). The Five Stages of the Cooperative Venture Strategy Process. *Journal of General Management, 23(1)*, 39-52.

Brouthers, K. D., Brouthers, L. E., & Wilkinson, T. J. (1995). Strategic Alliances: Choose Your Partners. *Long Range Planing, 28(3)*, 18-25.

Cartwright, W. R. (1993). Multiple Linked 'Diamonds' and the International Competitiveness of Export-Dependent Industries: The New Zealand Experience. *Management International Review (MIR), 33(2)*, 55-70.

Chan, P. S., & Harget, C. E. (1993). Strategic Alliance Life Cycle Model: Relevant Key Success Factors. *American Business Review, 11(2)*, 21-28.

Child, J., Faulkner, D., & Tallman, S. (2005). *Cooperative Strategy: Managing Alliances, Networks, and Joint Ventures.* Oxford: Oxford University Press.

Coase, R. H. (1937). The Nature of the Firm. *Economica, New Series 4(16)*, 386-405.

Cullen, J. B., Johnson, J. L., & Sakano, T. (2000). Success Trough Commitment and Trust: The Soft Side of Strategic Alliance Management. *Journal of World Business, 35(3)*, 223-240.

Culpan, R. (2002). *Global Business Alliances: Theory and Practice.* Westport: Greenwood.

Dacin, T. M., Hitt, M. A., & Levitas, E. (2001). Selecting Partners for Successful International Alliances: Examination of U.S. and Korean Firms. *Journal of World Business, 32(1)*, 3-16.

Daniel, D. R. (1961). Management Information Crisis. *Harvard Business Review, 39(5)*, 111-121.

Das, T. K., & Teng, B. (1996). Risk Types and Interfirm Alliance Structures. *Academy of Management Proceedings*, 11-15.

Das, T. K., & Teng, B. (1997). Sustaining Strategic Alliances: Options and Guidelines. *Journal of General Management, 22(4)*, 49-64.

Das, T. K., & Teng, B. (1998). Between Trust and Control: Developing Confidence in Partner Cooperation in Alliances. *Academy of Management Review, 23*, 491-512.

Das, T. K., & Teng, B. (1999). Managing Risks in Strategic Alliances. *Academy of Management Executive, 13(4)*, 50-62.

Das, T. K., & Teng, B. (2000). A Resource-Based Theory of Strategic Alliances. *Journal of Management, 26(1)* , 31-61.

Das, T. K., & Teng, B. (2001). Trust, Control and Risk in Strategic Alliances: An Integrated Framwork. *Organization Studies, 22(2)* , 251-283.

Das, T. K., & Teng, B. (2002). The Dynamics of Alliance Conditions in the Alliance Development Process. *Journal of Management Studies, 39(5)* , 725-747.

Das, T. K., & Teng, B. (2003). Partner Analysis and Alliance Performance. *Scandinavian Journal of Management, 19* , 279-308.

Donnelly, T., Mellahi, K., & Morris, D. (2002). The European Automobile Industry: Escape from Parochialism. *European business Review, 14(1)* , 30-39.

Douin, G. (5. April 2002). *Behind the Scenes of the Renault-Nissan Alliance.* Abgerufen am 12. Februar 2012 von Les Amis de lÉcole de Paris du Management: www.ecole.org

Dunning, J. H. (1993). Internationalizing Porter's Diamond . *Management International Review (MIR), 33(2)* , 7-15.

Dussauge, P., & Garrette, B. (1999). *Cooperative Strategy: Competing Successfully Through Strategic Alliances* New York: J. Wiley.

Dussauge, P., Garrette, B., & Mitchell, W. (2000). Learning from Competing Partners: Outcomes and Durations of Scale and Link Alliances in Europe, North America and Asia. *Strategic Management Journal, 21* , 99-126.

Dussauge, P., Garrette, B., & Mitchell, W. (2004). Asymmetric Performance: The Market Share Impact of Scale and Link Alliances in the Global Auto Industry. *Strategic Management Journal, 25* , 701-711.

Dyer, J. H., & Singh, H. (1998). The Relational View: Cooperative Strategy and Sources of Interorganizational Competitive Advantage. *Academy of Management Review, 23(4)* , 660-679.

Dyer, J. H., Kale, P., & Singh, H. (2001). How to Make Strategic Alliances Work. *Sloan Management Review, 42(4)* , 37-43.

Dyer, J. H., Kale, P., & Singh, H. (2004). When to Ally and When to Acquire. *Harvard Business Review, July-August* , 108-115.

Ebel, B., Hofer, M. B., & Al-Sibai, J. (2004). Herausforderungen für die Automobilindustrie. In B. Ebel, M. B. Hofer, & J. Al-Sibai, *Automotive Management* (S. 3-12). Berlin: Springer.

Eisele, J. (1995). *Erfolgsfaktoren des Joint Venture- Management.* Wiesbaden: Gabler.

Elmuti, D., & Kathawala, Y. (2001). An Overview of Strategic Alliances. *Management Decision, 39(3)*, 205-217.

Ernst, D., & Bamford, J. (2005). Your Alliances are too Stable. *Harvard Business Review, June*, 133-141.

Faulkner, D., & de Rond, M. (2000). *Cooperative Strategy: Economic, Business, and Organizational Issues.* Oxford: Oxford University Press.

FAZ. (7. April 2010). *Überkreuzbeteiligung - Allianz von Daimler, Renault und Nissan steht.* Abgerufen am 24. Oktober 2011 von http://www.faz.net/aktuell/wirtschaft/unternehmen/ ueberkreuzbeteiligung-allianz-von-daimler-renault-und-nissan-steht-1964489.html

FAZ. (21. Juli 2011). *Russlands Awtowas - Renault greift nach der Macht beim Lada-Hersteller.* Abgerufen am 24. Oktober 2011 von http://www.faz.net/aktuell/wirtschaft/ unternehmen/automobilindustrie/russlands- awtowas-renault-greift-nach-der-macht-beim-lada-hersteller-11114581.html

Fontanari, M. (1996). *Kooperationsgestaltungsprozesse in Theorie und Praxis*. Berlin: Duncker & Humblot.

Forbes. (20. Januar 2009). *Statement on Fiat-Chrysler Alliance.* Abgerufen am 30. April 2012 von http://www.forbes.com/2009/01/20/fiat-chrysler-statement-markets-equity-cx_po_0120markets10.html

Fortune. (2011). *Global 500.* Abgerufen am 22. April 2012 von http://money.cnn.com/ magazines/fortune/global500/2011/full_list/index.html

Garcia-Canal, E. (1996). Contractual Form in Domestic and International Strategic Alliances. *Organization Studies, 17/5*, 774-794.

Geringer, J. M. (1988). *Joint Venture Partner Selection: Strategies for Developed Countries.* Westport: Quorum Books.

Grant, R. M. (1991). The Resource-Based Theory of Competitive Advantage: Implications for Strategy Formulation. *California Management Review, 33(3)*, 114-135.

Grant, R., & Baden-Fuller, C. (2004). A Knowledge Accessing Theory of Strategic Alliances. *Journal of Management Studies, 41*, 61-84.

Grohmann, G., Hofer, A., & Zangl, F. (2005). Kooperationen brauchen klare Abläufe. Automotive Survey 2005 - Studie über Trends im Automobilsektor. *QZ, Dezember*, 19-24.

Gulati, R. (1995). Does Familiarity Breed Trust? the Implications of repeated Ties for Contractual choice in Alliances. *Academy of Management Journal, 38(1)*, 85-112.

Gulati, R., Khanna, T., & Nohria, N. (1994). Unilateral Commitments and the Importance of Process in Alliances. *Sloan Management Review, 35(3)* , 61-69.

Hagedoorn, J. (1993). Understanding the Rationale of Strategic Technology Partnering: Interorganizational Modes of Cooperation and Sectoral Differences. *Strategic Management Journal, 14(5)* , 371-385.

Hamel, G., & Prahalad, C. K. (2005). Strategic Intent. *Harvard Business Review, 83(7/8)* , 148-161.

Hamel, G., Doz, Y. L., & Prahalad, C. K. (1989). Collaborate with Your Competitors - and Win. *Harvard Business Review* , 133-139.

Hammes, W. (1994). *Strategische Allianzen als Instrument der strategischen Unternehmensführung.* Wiesbaden: Dt. Univ. Verlag.

Haugh, D., Mourougane, A., & Chatal, O. (2010). The Automobile Industry in and beyond the Crisis. *OECD Economics Department: ECO/WKP(2010)1* , 1-36.

Hennart, J. (1988). A Transaction Cost Theory of Equity Joint Ventures. *Strategic Management Journal, 9(4)* , 361-374.

Hitt, M. A., Tyler, B. B., Hardee, C., & Park, D. (1995). Understanding Strategic Intent in the Global Market Place. *Academy of Management Executive, 9* , 12-19.

Hofstede, G., Neuijen, B., Ohayv, D. D., & Sanders, G. (1990). Measuring Organizational Cultures: A Qualitative and Quantitative Study across Twenty Cases. *Administrative Science Quarterly, 35(2)* , 286-316.

Holtbrügge, D. (2005). Management internationaler strategischer Allianzen. In J. Zentes, B. Swoboda, & D. Morschett, *Kooperationen, Allianzen und Netzwerke: Grundlagen, Ansätze, Perspektiven* (S. 1183-1201). Wiesbaden: Gabler.

Holweg, M. (2008). The Evolution of Competition in the Automotive Industry. In G. Parry, & A. Graves, *Build to Order* (S. 13-34). London: Springer.

Inkpen, A., & Beamish, P. W. (1997). Knowledge, Bargaining Power, and the Instability of International Joint Ventures. *Academy of Management Review, 22(1)* , 177-202.

Jiang, X., Li, Y., & Gao, S. (2008). The Stability of Strategic Alliances: Characteristics, Factors and Stages. *Journal of International Management, 14* , 173-189.

Johnson, J. L., Cullen, J. B., Sakano, T., & Takenouchi, H. (1996). Setting the Stage for Trust and Strategic Intergration in Japanese-US. Cooperative Alliances. *Journal of International Business Studies, 27(5)* , 981-1004.

Kale, P., & Singh, H. (2009). Managing Strategic Alliances: What Do We Know Now, and Where Do We Go From Here? *Academy of Management Perspectives*, 45-63.

Kale, P., Singh, H., & Perlmutter, H. (2000). Learning and Protection of Proprietary Assets in Strategic Alliances: Building Relational Capital. *Strategic Management Journal, 21*, 217-237.

Ketchen, D. J., Snow, C. C., & Hoover, V. L. (2004). Research on Competitive Dynamics: Recent Accomplishments and Future Challenges. *Journal of Management, 30(6)*, 779-804.

Khanna, T. (1998). The Scope of Alliances. *Organization Science, 9(3)*, 340-355.

Killing, J. P. (1982). How to Make a Global Joint Venture Work. *Harvard Busniess Review, May-June*, 120-127.

Killing, J. P. (1983). *Strategies for Joint Venture Success*. New York: Praeger.

Koch, W. (2006). *Zur Wertschöpfungstiefe von Unternehmen, die strategische Logik der Integration*. Wiesbaden: Gabler.

Kogut, B. (1988). Joint Ventures: Theoretical and Empirical Perspectives. *Strategic Management Journal, 9(4)*, 319-332.

Kotabe, M., & Helsen, K. (2008). *Global Marketing Management, 4.Auflage*. USA: J. Wiley.

KPMG. (2010). Abgerufen am 27. 12 2011 von KPMG´s Global Auto Executive Survey 2010: http://www.kpmg.com/Global/en/IssuesAndInsights/ArticlesPublications/Documents/Global-Auto-Survey-2010.pdf

Kraege, R. (1997). *Controlling strategischer Unternehmungskooperationen: Aufgaben, Instrumente und Gestaltungsempfehlungen*. München: Hampp.

Lee, H. Y. (2005). Strategic Alliances and Trade Dispute in the Automotive Industry: From the Perspective of the Relationship between Government and Industries in Japan and Korea. *Far Eastern Studies, Vol. 4*, Center for Far Eastern Studies, Toyama University.

Leslie, S. G. (2008). The Reanult-Nissan Alliance in 2008: Exploiting the Potential of a Novel Organizational Form. *Stanford Graduate School of Business, Case Study*, Case SM-166.

Lorange, P., & Roos, J. (1992). Stolpersteine beim Management Strategischer Allianzen. In C. Bronder, & C. Pritzl, *Wegweiser für Strategische Allianzen: Meilen- und Stolpersteine bei Kooperationen* (S. 343-355). Frankfurt a.M.: Gabler.

Lorange, P., & Roos, J. (1992). *Strategic Alliances: Formation, Implementation and Evolution*. Cambridge: Blackwell.

Lu, Y., Tsang, E., & Peng, M. (2008). Knowledge Management and Innovation Strategy in the Asia Pacific: Toward an Institution-Based View. *Asia Pacific Journal of Management, 25(3)* , 361-374.

Madhok, A. (1995). Revisiting Multinational Firms Tolerance for Joint Ventures: A Trust-Based Approach. *Journal of International Business Studies, 1st Quarter* , 117-137.

Manager Magazin. (23. August 2011). *Ford und Toyota kooperieren bei Hybridantrieb.* Abgerufen am 8. April 2012 von URL: http://www.manager-magazin.de/unternehmen/autoindustrie/0,2828,781917,00.html

Manager Magazin. (6. März 2012). *Verzweifelt in die Allianz der Schwäche.* Abgerufen am 8. April 2012 von URL: http://www.manager-magazin.de/lifestyle/auto/0,2828,819475,00.html

Menard, C. (2004). The Economics of Hybrid Organizations. *Journal of Institutional and Theoretical Economics, 160* , 345-376.

Mercer. (2005). Management von Unternehmensnetzwerken in der Automobilindustrie. *Studie von Mercer Management Consulting und TU München* , www.mercermc.com.

Miller, K. D., & Reuer, J. J. (1998). Firm Strategy and Economic Exposure to Foreign Exchange Rate Movements. *Journal of International Business Studies, 29(3)* , 493-513.

Mitchell, J., & Hohl, B. (2008). Fiat´s Strategic Alliance with Tata. *IESE Business School, Case Study* , Center for Globalization and Strategy.

Moon, H. C., Rugman, A. M., & Verbeke, A. (1995). The Generalized Double Diamond Approach to International Competitiveness. *Research in Global Strategic Management, 5* , 97-114.

Moon, H. C., Rugman, A. M., & Verbeke, A. (1998). A Generalized Double Diamond Approach to the Global Competitiveness of Korea and Singapore. *International Business Review, 7(2)* , 135-150.

Mowery, D. C., Oxley, J. E., & Silvermann, B. S. (1996). Strategic Alliances and Interfirm Knowledge Transfer. *Strategic Management Journal, 17(WS)* , 77-91.

Müller-Stevens, G., & Hillig, A. (1992). Motive zur Bildung Strategischer Allianzen. In C. Bronder, & R. Pritzl, *Wegweiser für Strategische Allianzen* (S. 65-101). Frankfurt a.M.: Gabler.

Nissan. (2011a). *Nissan: Enriching People's Lives - Profile 2011.* Abgerufen am 18. Februar 2012 von http://www.nissan-global.com/EN/IR/LIBRARY/PROFILE/

Nissan. (2011b). *Annual Report 2011.* Abgerufen am 18. Februar 2012 von http://www.nissan-global.com/EN/index.html

Nissan. (28. Januar 2011c). *The Renault-Nissan Alliance reports record sales of 7,276,398 units in 2010.* Abgerufen am 19. Februar 2012 von Nissan Global: http://www.nissan-global.com/EN/NEWS/2011/_STORY/110128-02-e.html

Nissan. (2012a). *Unternehmenswebsite.* Abgerufen am 15. Februar 2012 von http://www.nissan-global.com/EN/index.html

Nissan. (20. März 2012b). *Nissan CEO Expects Strong Growth in Indonesian Auto Market.* Abgerufen am 27. April 2012 von http://www.nissan-global.com/EN/NEWS/2012/_STORY/120320-01-e.html

Ohmae, K. (1989). The Global logic of Strategic Alliances. *Harvard Business Review, March-April*, 143-154.

OICA. (2000). WORLD MOTOR VEHICLE PRODUCTION BY COUNTRY. *Correspondents Survey*, http://oica.net/wp-content/uploads/2007/06/worldprod_country2001.pdf.

OICA. (2005-2010). WORLD MOTOR VEHICLE PRODUCTION BY COUNTRY. *Correspondents Survey*, http://oica.net/.

OICA. (2010). WORLD MOTOR VEHICLE PRODUCTION BY COUNTRY. *Correspondents Survey*, http://oica.net/.

Park, S. H., & Ungson, G. R. (2001). Interfirm Rivalry and Managerial Complexity: A Conceptual Framework of Alliance Failure. *Organization Science, 12(1)*, 37-53.

Park, S., & Zhou, D. (2005). Firm Heterogeneity and Competitive Dynamics in Alliance Formation. *Academy of Management Review, 30(1)*, 531-554.

Parkhe, A. (1991). Interfrim Diversity, Organizational Learning, and Longevity in Global Strategic Alliances. *Journal of International Business Studies, 22*, 579-601.

Parkhe, A. (1993). Strategic Alliance Structuring: A Game Theory and Transaction Cost Examination of Inter-Firm Cooperation. *Academy of Management Journal, 36*, 794-829.

Peng, M. W., Wang, D. L., & Yi, J. (2008). An Institution-Based View of International Business Strategy: a Focus on Emerging Economies. *Journal Of International Business Studies, 39(5)*, 920-936.

Peng, M. W., Sunny Li, S., Pinkham, B., & Hao, C. (2009). The Institution-Based View as a Third Leg for a Strategy Tripod. *Academy Of Management Perspectives, 23(3)*, 63-81.

Picot, A., Reichwald, R., & Wigand, R. T. (2003). *Die grenzenlose Unternehmung: Information, Organisation und Management.* Wiesbaden: Gabler.

Pilkington, A. (1999). Strategic Alliance and Dependency in Design and Manufacture. *International Journal of Operations & Production Management, 19(5)* , 460-473.

Porter, M. E. (1980). *Competitive Strategy Techniques for Analyzing Industries and Competitores.* London: Free Press.

Porter, M. E. (1985). *Competitive Advantage: Creating and Sustaining Superior Performance.* New York: Free Press.

Porter, M. E. (1990). The Competitive Advantage of Nations. *Harvard Business Review, 68(2)* , 73-93.

Porter, M. E. (2004). *Competitive Strategy Techniques for Analyzing Industries and Competitors: with a New Introduction.* New York: Free Press.

Porter, M. E. (2008). The Five Competitive Forces that Shape Strategy. *Harvard Business Review, 86(1)* , 78-93.

Porter, M. E., & Fuller, M. B. (1989). Koalitionen und Globale Strategien. In M. E. Porter, *Globaler Wettbewerb* (S. 363-393). Frankfurt a.M.: Gabler.

PricewaterhouseCoopers. (2011). Growth Reimagined: Automotive Industry Summary. *14th Annual Global CEO Survey* , http://www.pwc.com/gx/en/ceo-survey/download.jhtml.

Proff, H. (2000). Hybrid Strategies as a Strategic Challenge - The Case of the German Automotive Industry. *Omega, 28(5)* , 541-553.

Reichhuber, A. W. (2010). *Strategie und Struktur in der Automobilindustrie. Strategische und organisatorische Programme zur Handhabung automobilwirtschaftlicher Herausforderungen.* Wiesbaden: Gabler.

Renault Group. (2010). *Registration Document including the Annual Financial Report.* Abgerufen am 15. Februar 2012 von http://www.renault.com/en/Lists/ArchivesDocuments /Renault%20-%202010%20Registration%20Document.pdf

Renault Group. (2011). *Registration Document including the Annual Financial Report.* Abgerufen am 15. April 2012 von http://www.renault.com/en/Lists/ArchivesDocuments /Renault%20-%202010%20Registration%20Document.pdf

Renault. (2011a). *Renault Atlas 2011.* Abgerufen am 11. Februar 2012 von http://www.renault.com/en/groupe/pages/groupe.aspx

Renault. (2011b). *Strategic Partnership with AVTOVAZ.* Abgerufen am 24. Oktober 2011 von http://www.renault.com/en/groupe/cooperations-strategiques/pages/partenariat-strategique-avtovaz.aspx

Renault. (2011c). *Strategic Cooperation with Daimler AG*. Abgerufen am 24. Oktober 2011 von http://www.renault.com/en/groupe/cooperations-strategiques/pages/cooperation-strategique-daimler-ag.aspx

Renault. (2012a). *Unternehmenswebsite*. Abgerufen am 15. Februar 2012 von http://www.renault.com/en/groupe/pages/groupe.aspx

Renault. (9. Februar 2012b). *His Majesty King Mohammed VI inaugurates new Renault-Nissan Alliance plant in Tangier, Morocco*. Abgerufen am 24. April 2012 von http://www.media.renault.com/global/en-gb/alliance/Media/PressRelease.aspx?mediaid=31465

Renault-Nissan. (2008). *Alliance Facts and Figures*. Abgerufen am 12. Februar 2012 von http://www.renault.com/en/groupe/l-alliance-renault-nissan/pages/l-alliance-renault-nissan.aspx

Renault-Nissan. (2009). *Alliance Facts and Figures*. Abgerufen am 12. Februar 2012 von http://www.renault.com/en/groupe/l-alliance-renault-nissan/pages/l-alliance-renault-nissan.aspx

Renault-Nissan. (6. Oktober 2011). *Renault-Nissan Alliance launches $1.8 billion "Brazilian Offensive"*. Abgerufen am 24. Oktober 2011 von http://www.media.renault.com/global/en-gb/alliance/mediacentre/pressreleases.aspx

Renault-Nissan. (2012a). *The Renault-Nissan Purchasing Way*. Abgerufen am 11. Februar 2012 von http://www.renault.com/en/groupe/l-alliance-renault-nissan/pages/l-alliance-renault-nissan.aspx

Renault-Nissan. (1. Februar 2012b). *Renault-Nissan Alliance posts record sales in 2011 for third consecutive year*. Abgerufen am 25. April 2012 von http://www.media.renault.com/global/en-gb/alliance/Media/PressRelease.aspx?mediaid=31408

Reuer, J. J., & Arino, A. (2004). Designing and Renegotiating Strategic Alliance Contracts. *Academy of Management Executive, 18(3)*, 37-48.

Reuer, J. J., & Arino, A. (2007). Strategic Alliance Contracts: Dimensions and Determinants of Contractual Complexity. *Strategic Management Journal, 28(3)*, 313-330.

Ring, P. S., & van de Ven, A. H. (1994). Development Processes of Cooperative Interorganizational Relationships. *Academy of Management Review, 19(1)*, 90-118.

Rockart, J. F. (1979). Chief Executives Define their own Data Needs. *Harvard Business Review, 57(2)*, 81-93.

Rugman, A. M., & D´Cruz, J. R. (1993). The Double Diamond Model of International Competitiveness: The Canadian Experience. *Management International Review, 33(2)* , 17-39.

Sardy, M., & Fetscherin, M. (2009). A Double Diamond Comparison of the Automotive Industry of China, India, and South Korea. *Competition Forum, 7(1)* , 6-16.

Shah, R. H., & Swaminathan, V. (2008). Factors Influencing Partner Selection in Strategic Alliances: the Moderating Rrole of Alliance Context. *Strategic Management Journal, 29(5)* , 471-494.

Slocum, J. W., & Lei, D. (1993). Designing Global Strategic Alliances: Intergrating Cultural and Economic Factors. In G. P. Huber, & W. H. Glick, *Organizational Change and Redesign* (S. 295-322). New York: Oxford University Press.

Swoboda, B. (2003). Kooperation: Erklärungsperspektiven grundlegender Theorien, Ansätze und Konzepte im Überblick. In J. Zentes, B. Swoboda, & D. Morschett, *Kooperationen, Allianzen und Netzwerke - Grundlagen, Ansätze, Perspektiven* (S. 35-64). Wiesbaden: Gabler.

Sydow, J. (1992). *Strategische Netzwerke: Evolution und Organisation.* Wiesbaden: Gabler.

Teece, D. J., Pisano, G., & Shuen, A. (1997). Dynamic Capabilities and Strategic Management. *Strategic Management Journal, 18(7)* , 509-533.

Todeva, E., & Knoke, D. (2005). Strategic Alliances & Models of Collaboration. *Management Decision, 43(1)* , 1-22.

Varadarajan, R. P., & Cunningham, M. H. (1995). Strategic Alliances: A Synthesis of Conceptual Foundations. *Journal of the Academy of Marketing Science, 23(4)* , 282-296.

Varadarajan, R. P., Clark, T., & Pride, W. M. (1992). Controlling the Uncontrollable: Managing Your Market Environment. *Sloan Management Review, 33(2)* , 39-47.

VDA. (2011). *Verband der Automobilindustrie Jahresbericht.* www.vda.de.

Veloso, F., & Kumar, R. (2002). The Automotive Supply Chain: Global Trends and Asian Perspectives. *ERD Working Paper Series No. 3* , Asian Development Bank, Economics and Research Department.

Viavision. (2010). Wer mit wem?: Die wichtigsten Kooperationen der Autobranche. *VW Group - Nachrichten aus der mobilen Zukunft, Nr. 09* , http://www.viavision.org/ftp/435.pdf.

Wallentowitz, H., Freialdenhoven, A., & Olschewski, I. (2009). *Strategien in der Automobilindustrie. Technologietrends und Marktentwicklungen.* Wiesbaden: Vieweg+Teubner.

Webster, F. E. (1992). *Market Driven Management: Using the New Marketing Concept to Create a Customer-Oriented Company.* New York: J. Wiley.

White, S. (2000). Competition, Capabilities, and the Make, Buy, or Ally Decisions of Chinese State-Owned Firms. *Academy of Management Journal, 43(3)*, 324-341.

Williamson, O. (1985). *The Economic Institutions of Capitalism.* New York: Free Press.

Williamson, O. (1991). Comparative Economic Organization: The Analysis of Discrete Structural Alternatives. *Administrative Science Quarterly, 36(2)*, 269-296.

Williamson, O. (1999). Public and Private Bureaucracies: A Transaction Cost Economics Perspective. *Journal of Law, Economics, and Organization, 15(1)*, 306-342.

Williamson, O. (2002). The Theory of the Firm as Governance Structure: From Choice to Contract. *Journal of Economic Perspectives, 16(3)*, 171-195.

Wohlstetter, P., Smith, J., & Malloy, C. (2005). Strategic Alliances in Action: Toward a Theory of Evolution . *The Policy Studies Journal, 33(3)*, 419-442.

Yoshino, M. Y., & Rangan, U. S. (1995). *Stratgic Alliances: An Entrepreneurial Approach to Globalization.* Boston: Havard Business School Press.

Zineldin, M., & Dodourova, M. (2005). Motivation, Achievements and Failure of Strategic Alliances: The Case of Swedish Auto-Manufacturers in Russia. *European Business Review, 17(5)*, 460-470.

Summarisches Inhaltsverzeichnis der Schriftenreihe „Internationale und interkulturelle Projekte erfolgreich umsetzen"
(Angabe der Kapitel-Nummern der bisher erschienenen Ausgaben)

Jubil.	Jubiläumsband: „Internationales Projektgeschäft – Chancen, **Handlungsempfehlungen und ausgewählte Beispiele"**
Bd. 10	Bd. 10: „Interkulturelles Management; **Thailand – Deutschland"**
Bd. 9	Bd. 9: „**Kommunikationskompetenz** in interkulturellen Projekten – …" (am Beispiel **deutsch-französischer** Projekte)
Bd. 8	Bd. 8: "**International strategic alliances** and cultural diversity - German Companies getting involved in **Iran, India, China**" (E)
Bd. 7	Bd. 7: „**Information und Kommunikation** in internationalen Projektteams"
Bd. 6	Bd. 6: „Die **Balanced ScoreCard** - Entwicklungstendenzen im deutschsprachigen Raum"
Bd. 5	Bd. 5: „CSR in der Supply Chain in **China**; Theorie und Praxis der **Computerunternehmen** Dell, HP u. Acer"
Bd. 4	Bd. 4: „**Personalentwicklung** – Strategien multinationaler Unternehmen"
Bd. 3	Bd. 3: „**Interkulturelle Kompetenz** – Einfluss der Kultur auf das internationale Management"
Bd. 2	Bd. 2: „**Bulgarien** als Absatzmarkt für deutsche **Lebensmitteldiscounter** – Entwicklung einer **Markteintrittskonzeption**"
Bd. 1	Bd. 1: „**Interkulturelle Kompetenz** als zentraler Erfolgsfaktor im internationalen Projektmanagement"

Jubiläumsband beinhaltet die Beiträge:
1: Die Bedeutung interkultureller Kompetenz für **deutsche Unternehmen in Japan**
2: Die Erfolgsstrategie von **Toyota** – TPS und Toyota Way
3: Management in **Deutschland und USA** – ein kritischer Forschungsbericht
4: Die **europäische und chinesische Textilwirtschaft** im Wandel - … unter Berücksichtigung Vietnams als potentielle Alternative für chin. u. intern. Investoren

	Bd. 1	Bd. 2	Bd. 3	Bd. 4	Bd. 5	Bd. 6	Bd. 7	Bd. 8	Bd. 9	Bd. 10	Jubil.
Projektmanagement (Definition, Abgrenzung, …)	2.1.						5.1.				
Internationale Projekte; Arten, Aspekte, …	2.2.						5.2.				
Background of international Trade in Germany (E)								1.1.			
Internat. Projektmgmt.; kritische Erfolgsfaktoren	3.4.										
Fokus: Frühe Projektphasen							6.				
Einflußfaktoren auf die I&K in intern. Projekten							8.1.				
Beeinflussbarkeit der Einflußfaktoren auf die I&K							8.3.				
Zusammenarbeit, Kommunikation und interkulturelle Personalführung	2.3.										
Kommunikation, Kommunikationsebenen							9.				
Vorbereitung auf die Arbeit in internat. Teams							10.				
Handlungsempfehlungen für internat. Projekte							Anh. 4				
GPM-Studie: Information u. Kommunikation in internationalen Projektteams											
Kultur – Definition und Elemente			1.2.						2.8.	2.1.	
Cultural Diversity – definition, cultural specifics, cultural dimensions (E)								4.1.-4.3.			
Kulturdimensionen (nach Hofstede)	3.3.		1.3.				3.4.	4.4.	2.8.	2.3.1.	1/4.2.
Cultural dilemmas (by Trompenaars, Hampden-Turner), (E)								4.5.		2.3.3.	
Kulturdimensionen (nach Hall)			1.3.				3.4.		2.8.	2.3.2.	
Schichtenmodell (nach Dülfer)	3.3.										
The GLOBE research program (by House), (E)								4.6.			
Interkulturelle Kompetenz, Def. + Struktur der ~	3.2.										1/2.1.
Merkmale und Anwendungsbereiche			2.2								
Definition und Dimensionen ~ (nach Bolten)	3.2.										
7-S-Model (nach Peters/Watermann)			2.2								
Diversity Management; Maßnahmen			2.3.								

	Bd. 1	Bd. 2	Bd. 3	Bd. 4	Bd. 5	Bd. 6	Bd. 7	Bd. 8	Bd. 9	Bd. 10	Jubil.
Interkult. Komm., Sprache und Verhandlung	3.1.		4.								1/3.1.
Kommunikation, Komm.prozess, Komm.kanal									2.		
Komm.ebenen (verbale + non-verbale Komm.)			4.2./4.3.						2.3.		
Kommunikationsquadrat; Vier-Ohren-Modell (nach Schulz-von-Thun)	3.1.								2.5.		
Werte- u. Entwicklungsquadrat (Schulz-von-Thun)									2.7.		
Kommunikationspsychologische Perspektive - auf interkulturelle Projekte									3.		
Interkulturelle Verhandlung			4.4.								
Interkulturelles Training (Ziele, Typen, Methoden)	4.2.		6.								
Interkulturelles Lernen	4.1.										
Weiterbildungsangebote Internat. Projektmgmt.	4.3.										
Erlangung der „Japan-Kompetenz" in dt. Firmen											1/5.
Unternehmenskultur; Merkmale, Ebenen, Subkulturen			1.4.								
Interkulturelle Marktforschung und Marketing											
Ziele der Internationalisierung		2.									
Bsp.: intern. agierende Lebensmitteldiscounter		1.3./1.4.									
Interkult. (Primär- u. Sekundär-) Marktforschung			5.1.								
Markteintrittsstrategien und -formen		3.									
Markteintritt, Einflussfaktoren auf den ~		4.									
Formen und Zeitpunkt des ~			2.1.								
Produktpolitik, Kommunikationspolitik, Preispolitik, Distributionspolitik			5.3./5.4. 5.5./5.6.								
Strategisches interkulturelles Marketing			5.2.								
Internationale Merger & Acquisitions			2.4.								
Absatzpolitische Marketinginstrumente		5.1.									
Marketing-(Aufbau- u. Ablauf-)organisation		5.3.	5.7.								
Marketingcontrolling		5.4.									

	Bd. 1	Bd. 2	Bd. 3	Bd. 4	Bd. 5	Bd. 6	Bd. 7	Bd. 8	Bd. 9	Bd. 10	Jubil.
Multinationale Unternehmen,											
Definition und Bedeutung				2.2.							
Interkulturelles Mgmt. und Internationalisierung										1.	
Strategic alliances (definition, types, motivation, difficulties), (E)								2.1. – 2.4.			
Critical success factors of strategic alliances (E)								2.5.			
Special forms of internat. strategic alliances (e.g. intern. Joint Ventures, Licensing, …), (E)								3.1. / 3.2.			
Arbeitskultur: Werte und Verhaltensweisen (insb. Beispiele aus Deutschland, USA, Polen)				2.3. (2.3.1.)							
Bildungssysteme: Basis der Personalentwicklung (insb. Beispiele aus Deutschland, USA, Polen)				2.4. (2.4.1.)							
Internationale Managementforschung; Überblick											3/2.
Probleme internat. Managementstudien											3./2.3.
Personalentwicklung,											
Rolle, Stellenwert u. Akteure der ~				3.							
Geografische Tendenzen der ~ (insb. Beispiele aus Deutschland, USA, Polen)				3.3.1.							
Praktischer Einsatz von Instrumenten der ~ (insb. Beispiele aus Deutschland, USA, Polen)				3.3.2.							
Ziele, Strategien, Konzepte der ~ in multinationalen Unternehmen				4.2. / 4.3.							
Handlungsempfehlungen u. Entwicklungstendenzen der ~ in multinat. Unternehmen				4.3. / 4.4.							
Interkulturelle Personalführung			3.								
Herausforderung an die Führungskraft; Anforderungen an Auslandsmanager			3.2. / 3.5.								
Führungsstil, kulturspezifische Führung			3.4.								
SCM, Supply Chain Management					2.1.						
Value Chain (nach Porter)					2.1.						

	Bd. 1	Bd. 2	Bd. 3	Bd. 4	Bd. 5	Bd. 6	Bd. 7	Bd. 8	Bd. 9	Bd. 10	Jubil.
Bsp.: SCM in der Computerindustrie					2.1.						
Balanced ScoreCard im Kontext des SCM						7.4.					
Produktionsverlagerung (Bsp.: Textilindustrie) Der Welthandel - Textil											4/4. 4/5.
Das Toyota Produktionssystem											
Toyota und die Deming´sche Managementlehre											2/2.
CSR, Corporate Social Responsibility											2/4.
Beweggründe für gesellschaftliche Verantwortung					2.2.						
Umsetzungsformen, Multi-Stakeholderdialog u.ä.					3.1.						
Codes of Conduct & Standards					3.2.						
(insbesondere Dell, HP, Acer)					4.3.1.						
Training					4.3.2.						
BSC, Balanced ScroreCard											
Grundlagen, Ziele, Praxiseinsatz						2./3.					
Ansätze und Implementierungskonzepte						4.3/4.4					
BSC im Kontext von non-profit Organisationen						6.1.					
BSC im Kontext des Gesundheitsbereich, Verlagswesen, Leasinggesellschaften, …						6.2.					
BSC im Kontext des Risikomanagements						7.1.					
BSC im Kontext des Krisenmanagements						7.2.					
BSC im Kontext des Beziehungsmanagements						7.3.					
BSC im Kontext des Supply Chain Managements						7.4.					
BSC in Nachhaltigkeits- u. Umweltaspekten						8.1.					
BCS im Kontext von Marken und Produkten						8.2.					
Länderfokus (alphabetisch):											
Amerikanische Computerhersteller in **China** (insbesondere Dell, HP, Acer)					4.2.						
Bulgarien, Kurzcharakteristik		1.5.									
aus Sicht deutscher Lebensmitteldiscounter		1.-6.									

	Bd. 1	Bd. 2	Bd. 3	Bd. 4	Bd. 5	Bd. 6	Bd. 7	Bd. 8	Bd. 9	Bd. 10	Jubil.
China and its nationale culture (E)								5.4.			
China (und die chinesische Textilwirtschaft)											4/7.
German-Chinese strategic alliances (E)								6.3.			
Textilwirtschaft als Basis der Industrialisierung											4/2, 3.
Die **asiatische** Textilwirtschaft											4/6.
China als Investitionsstandort											4/10.
Formen der Unternehmensgründung											4/12.
China – Vietnam: Beziehungen und im Vergleich											4/13.-4/16.
Deutschland – USA – Polen											
Besonderheiten der Kulturprofile				2.3.2.							
Besonderheiten der Bildungssysteme				2.4.2.							
Germany and its nationale culture (E)								5.1.			
Deutschsprachiger Raum;											
Spezifische Entwicklung der Balanced ScoreCard						6./7./8.					
Deutsch-**französische** Projekte									4./5.		
Differenzen in dt.-franz. Projekten									3.1.		
Das Teamverständnis in dt.-franz. Projekten									3.2.		
Der Arbeitsstil in dt.-franz. Projekten									3.3.		
Der Führungsstil in dt.-franz. Projekten									3.4.		
Das Mitarbeitergespräch in dt.-franz. Projekten									3.5.		
India and its nationale culture (E)								5.3.			
German-Indian strategic alliances (E)								6.2.			
Iran and its nationale culture (E)								5.2.			
German-Iranian strategic alliances (E)								6.1.			
Comparison of cultural norms and values of **Germany, India, Iran, China** (E)								5.5.			
Interkulturelle Kompetenz im **Japan**geschäft											1/2.3.
Japanische Unternehmenskultur											1/4.

	Bd. 1	Bd. 2	Bd. 3	Bd. 4	Bd. 5	Bd. 6	Bd. 7	Bd. 8	Bd. 9	Bd. 10	Jubil.
Das Toyota Produktionssystem											2/2.
Der Toyota Way – Das Erfolgsgeheimnis											2/3.
Kulturbedingte Differenzen im **thailändisch-deutschen** Vergleich										3.1.	
Zeit- u. Hierarchieverständnis, Sozial- u. Komm.-verhalten, Aufgabenbearbeitung, Besprechungs- u. Verhandlungsstil, Konfliktverhalten										3.2. – 3.8.	
Managementstudien Deutschland / **USA** Werte-, Geschlechter-, Ethikforschung, Planungs- u. Verhandlungsforschung											3/3.
Vietnam (und die vietnamesische Textilwirtschaft)											4/8.
Vietnam als Produktionsstandort;											4/9.
Vietnam als Investitionsstandort											4/13.
Formen der Unternehmensgründung											4/11
Vietnam - China: Beziehungen und im Vergleich											4/13.-4/16.
Gesamtumfang:	148 S.	152 S.	128 S.	92 S.	108 S.	184 S.	140 S.	124 S.	124 S.	96 S.	276 S.

(E) = Englisch

Unser Qualitätsversprechen an die Leser dieser Schriftenreihe:
Die bisher erschienenen Bände bündeln und publizieren wertvolle Erkenntnisse aus Studien-, größtenteils Studienabschlussarbeiten vom hohen Norden (Fachhochschule Westküste) bis weit in den Süden Deutschlands (Fachhochschule München), von Exzellenzuniversitäten (Humboldt-Universität zu Berlin) bis in erstklassige Bildungseinrichtungen unserer Nachbarländer (Universität Wien). Die Arbeiten wurden alle gut (min. 2,0), größtenteils sehr gut bewertet und haben einen Gesamtnotendurchschnitt von unter 1,3.

Sascha Giesche

Interkulturelle Kompetenz als zentraler Erfolgsfaktor im internationalen Projektmanagement

Diplomica 2010 / 148 Seiten / 39,50 Euro

ISBN 978-3-8366-9109-3

EAN 9783836691093

In der modernen Wirtschaftswelt hat die Entwicklung von Unternehmen von einem lokalen hin zu einem globalen Kontext eine hohe und weiterhin steigende Bedeutung. Unternehmen sichern ihre Wettbewerbsfähigkeit durch Kooperationen, Fusionen oder Übernahmen sowie der Etablierung in neuen (Auslands-)Märkten. Diese Entwicklungen geschehen zum großen Teil im Rahmen international besetzter Projekte. Vom Erfolg dieser Projekte hängt zudem in entscheidendem Maße der Erfolg dieser Unternehmen und ihrer Weiterentwicklung ab.

Einen zentralen Erfolgsfaktor stellt dabei die interkulturelle Kompetenz der Projektmanager und Projektmitarbeiter dar. Dieses Buch beleuchtet mögliche Probleme im internationalen Projektmanagement und geht im Detail auf dem Bereich der interkulturellen Kompetenz als Erfolgsfaktor ein.

Ein praktischer Bezug wird durch die Darstellung einiger Trainingsangebote des offenen Marktes hergestellt, am Beispiel derer die erarbeiteten Erfolgsfaktoren überprüft werden. Die Untersuchung erfolgt vorrangig anhand im Internet zugänglicher Trainingsunterlagen und bleibt damit für den Leser nachvollziehbar.

Petia Jacobs

Bulgarien als Absatzmarkt für deutsche Lebensmittel-Discounter

Entwicklung einer Markteintrittskonzeption

Diplomica 2010 / 152 Seiten / 49,50 Euro

ISBN 978-3-8366-8768-3

EAN 9783836687683

Der Einzelhandel in Deutschland hat in den letzten Jahren mit besonderen Herausforderungen zu kämpfen. Zunehmende Marktsättigung, stagnierende Reallöhne und die hohe Arbeitslosigkeit sind die ausschlaggebenden Faktoren, welche einen ansteigenden ruinösen Verdrängungswettbewerb verursachen. Diese schwierigen Bedingungen im Heimatmarkt einerseits und die gleichzeitig steigende Attraktivität der geographisch nahe liegenden Auslandsmärkte anderseits haben dazu geführt, dass der deutsche Einzelhandel die Auslandsexpansion massiv vorantreibt. Durch die jüngste EU-Osterweiterung im Jahr 2007 ist auch Bulgarien ein interessanter Absatzmarkt für deutsche Handelsunternehmen geworden.

Die Autorin verfolgt mit ihrer Untersuchung das Ziel einer praxisnahen Konzeption für deutsche Lebensmittel-Discounter beim Markteintritt auf dem bulgarischen Absatzmarkt. In einem Ausblick werden von ihr zudem mögliche Auswirkungen und Veränderungen auf dem bulgarischen Absatzmarkt beleuchtet, welche durch den Markteintritt von deutschen Lebensmittel-Discountern verursacht werden.

Nicole Sabel

Interkulturelle Kompetenz:

Einfluss der Kultur auf das internationale Management

Diplomica 2010 / 128 Seiten / 39,50 Euro

ISBN 978-3-8366-9699-9

EAN 9783836696999

Der Umgang mit kulturellen Unterschieden im Arbeitsalltag stellt für Unternehmen längst nicht mehr einen Ausnahmefall dar: Im täglichen Geschäft treffen unterschiedliche Kulturen aufeinander, die sich jeweils durch unterschiedliche Wertvorstellungen, Denk- und Handlungsweisen auszeichnen und unterschiedliche Sprachen sprechen.
In der Vergangenheit haben viele Unternehmen ausländische Märkte fast in der gleichen Art und Weise bearbeitet wie den Heimatmarkt und sind mit dieser Nicht-Beachtung kultureller Gegebenheiten in der Auslandsmarktbearbeitung gescheitert.

In der vorliegenden Studie werden die verschiedenen Facetten des internationalen Managements und der internationalen Marktbearbeitung aufgezeigt. Es wird dargestellt, welchen Einfluss die verschiedenen kulturellen Faktoren wie Religion, Zeitauffassung und Sprache auf die Unternehmens- und Verhandlungsführung haben. Zahlreiche Beispiele demonstrieren, welche Folgen aus fehlerhafter Personalführung, mangelnder Vorbereitung personeller Ressourcen auf einen Auslandseinsatz sowie kulturell bedingten Missverständnissen in der Kommunikation resultieren können.

Anna-Katharina Glahn

Personalentwicklung: Strategien multinationaler Unternehmen

Diplomica 2010 / 92 Seiten / 39,50 Euro

ISBN 978-3-8366-9810-8

EAN 9783836698108

Think global but how to act?

Für multinationale Unternehmen ist es von entscheidender Bedeutung, einen unternehmensweiten Qualitätsstandard der Produkte und Dienstleistungen sicherzustellen. Gleichzeitig dürfen jedoch die externen Rahmenbedingungen der verschiedenen Standorte ebenso wie die zunehmende kulturelle Diversität realer und virtueller Teams nicht vernachlässigt werden.

Anna-Katharina Glahn greift genau diese kulturelle Diversität auf und analysiert diese speziell im beruflichen Kontext. Im Fokus stehen neben der eigenen Kultur zwei weitere aus deutscher Sicht derzeit besonders relevante Kulturkreise: die USA und Ost-Mitteleuropa wie beispielsweise Polen, Ungarn und Tschechien.

Dabei gelingt der Praxisbezug vor allem durch die Verknüpfung theoretischer Erkenntnisse mit den Statements neun interviewter HR-Experten namenhafter Global Player.

Sandra Lukatsch

Personalentwicklung: Strategien multinationaler Unternehmen

Eine Analyse zwischen Theorie und Praxis der Computerunternehmen Dell, Hewlett Packard und Acer

Diplomica 2010 / 108 Seiten / 39,50 Euro

ISBN 978-3-8366-9571-8

EAN 9783836695718

Die vorliegende Studie stellt ein Konzept vor, um Corporate Social Responsibility (CSR) - Praktiken in globalen Supply Chains zu analysieren. Dazu werden theoretisch mögliche CSR-Instrumente erarbeitet, welche als Kriterien für die empirische Analyse dienen. Diese erfolgt an konkreten Beispielunternehmen der Computerbranche und nimmt eine Bewertung ihrer CSR-Politik vor. In der Analyse werden einerseits externe Studien herangezogen, die auf Interviews mit Management und ArbeiterInnen einiger chinesischer Zuliefererfabriken der drei gewählten Unternehmen basieren. Andererseits wird die CSR-Politik anhand der CSR- und Jahresberichte der jeweiligen Unternehmenswebseiten untersucht.

Die CSR-Umsetzungsformen der Unternehmen können zum Einen als Inspiration für andere Unternehmen verwendet werden; zum Anderen gelingt es Sandra Lukatsch dem Leser aufzuzeigen, dass die von den Unternehmen kommunizierten CSR-Maßnahmen nicht zwangsläufig den angestrebten Erfolg bringen.

David Siebert

Die Balanced Scorecard:

Entwicklungstendenzen im deutschsprachigen Raum

Diplomica 2011 / 184 Seiten / 49,50 Euro

ISBN 978-3-8428-5410-9

EAN 9783842854109

Die Balanced Scorecard (BSC), Anfang der 90er Jahre entwickelt, ist ein auf Kennzahlen basierendes Managementinstrument, das mittlerweile fest in der Controllinglehre verankert ist.

David Siebert zeigt in der vorliegenden Studie die vielseitigen Anwendungsbereiche der BSC auf und macht ihre Entwicklungstendenzen im deutschsprachigen Raum deutlich. Hierzu hat er eine umfassende Literaturanalyse (mehr als 4 Jahrgänge von 15 Fachzeitschriften und 80 Fachbücher) durchgeführt, bei der die Anwendungsbereiche der BSC erfasst, Trends aufgezeigt und mit Implementierungsbeispielen abgerundet werden. Im Fokus stehen dabei insbesondere die Implementierungsansätze für Unternehmen und deren Teilbereiche. Hierzu wird die BSC im Kontext des Risiko-, Krisen-, Marken- und Produktmanagements sowie vieler weiterer Ansätze thematisiert. Auch ausführliche Anwendungsbeispiele für Non Profit Organisationen werden ausgeführt.

Lisa Döding

Information und Kommunikation

in internationalen Projektteams

Diplomica 2011 / 140 Seiten / 49,50 Euro

ISBN 978-3-8428-6110-7

EAN 9783842861107

Durch die zunehmende Globalisierung ist das Umfeld vieler deutscher Unternehmen international und interkulturell geprägt. Selbst überschaubare, zeitlich befristete Projekte in diesem Umfeld werden zur Herausforderung. Zu den typischen Problemen im internationalen Projektmanagement gehört besonders die erschwerte Information und Kommunikation (I+K). Für die meisten Unternehmen sind Auswirkungen, die sich aus einem internationalen Umfeld ergeben, meist vorher nicht ersichtlich bzw. schwer einschätzbar. Die Erkenntnisse der Faktoren, die Information und Kommunikation beeinflussen, können als Chance genutzt werden und helfen Risiken vorzubeugen.

Die Studie zeigt, wie sich in frühen Projektphasen Information und Kommunikation in einem internationalen Projektumfeld im Gegensatz zu einem vergleichbaren lokalen deutschen Projekt ändern bzw. ändern können. Dabei werden Kriterien und Einflussgrößen zusammenzutragen, welche die I+K in einem Projekt beeinflussen. Methoden und Werkzeuge zur Vorbereitung auf die Arbeit in internationalen Projektteams werden analysiert und bewertet. Zusätzlich werden Handlungsempfehlungen und Korrekturfaktoren (Parameter) vorgeschlagen, die einem Projektmanager als Hilfestellung dienen, um ein Projekt erfolgreich planen und abschließen zu können.

Um die Praxisrelevanz und Praxistauglichkeit der Ergebnisse und gewonnenen Erkenntnisse abzusichern, fließen in die Studie Erfahrungswerte von 60 Experten namhafter Unternehmen ein.

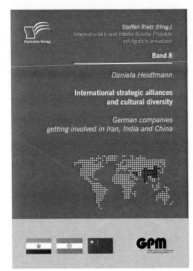

Daniela Heidtmann

International strategic alliances and cultural diversity

German companies getting involved in Iran, India and China

Diplomica 2011 / 124 Seiten / 39,50 Euro

ISBN 978-3-8428-6427-6

EAN 9783842864276

A sound preparation of a strategic alliance is inevitable for its success. While technological and economical risks can be reduced easily by a solid preparation, the social risks are highly dependent on the individuals involved. Especially in international strategic alliances including the complexity of different national cultures, social problems can be of high importance. German companies entering foreign markets should carefully get acquainted with the foreign cultural norms and values. Research results provide a good foundation for the identification of basic assumptions. As the volume of international trade is likely to further grow, German companies will also be faced with internationalization strategies in the future. If they want to gain a sustainable competitive advantage while going international, they will continuously be forced to deal with cultural matters. This book provides an overview about potential risks within cross-cultural alliances.

Oliver Augustin

Kommunikationskompetenz in interkulturellen Projekten

Kommunikationspsychologische Modelle zur Lösung typischer Missverständnisse in deutsch-französischen Projekten

Diplomica 2012 / 124 Seiten / 39,50 Euro

ISBN 978-3-8428-6992-9

EAN 9783842869929

Frankreich ist Deutschlands wichtigster Im- und Exportnachbar. Deshalb kommt es auch häufig zu einem interkulturellen Austausch in Form von Projekten. Doch trotz der geo¬grafischen Nähe dieser beiden Kulturnationen entstehen zahlreiche Missverständnissen bei der Zusammenarbeit zwischen Deutschen und Franzosen. Das, was Mitarbeiter aus ihren alltäglichen Erfahrungen am Arbeitsplatz über kulturbedingte Unterschiede in Denk- und Verhaltensmustern zwischen ihnen und ihren französischen Partnern berichteten, deckt sich nahezu völlig mit dem, was systematische wissenschaftliche Untersuchungen über die kulturellen Eigenarten und Unterschiede zwischen Deutschen und Franzosen hervorgebracht haben. In diesem Buch sollen nun die Erkenntnisse und Modelle der Kommunikations- und Kulturforschung auf die beobachteten Verständnisprobleme im deutsch-französischen Projektteam übertragen werden, um somit eine Basis zu schaffen, diese interkulturellen Probleme besser zu verstehen und darüber hinaus konkrete Handlungsempfehlungen für die Projektleitung und -teilnehmer zu gewinnen.

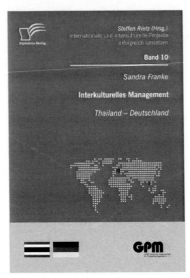

Sandra Franke
Interkulturelles Management: Thailand - Deutschland
Diplomica 2012 / 96 Seiten / 39,50 Euro
ISBN 978-3-8428-7001-7
EAN 9783842870017

Profundes Wissen um Kulturen, insbesondere um solche, die eine erhebliche räumliche Distanz zueinander aufweisen und zwischen denen sich daher die vielschichtige Problematik des Fremdseins in hohem Maße vollzieht, schärft den Blick für unsere eigene Welt. Das Erleben des Exotischen in Thailand und das Nachdenken über die Heimatkultur aus der Distanz machen die eigene Wirklichkeit sozusagen erklärungsbedürftig. Die persönlichen Kulturerfahrungen der Autorin wurden auf den beruflichen Kontext projiziert und ergänzt durch die Berufserfahrung in deutschstämmigen Unternehmen in Thailand, wo die thailändische und deutsche Kultur sichtbar und spürbar aufeinander treffen.
Im Rahmen fortschreitender Globalisierung wird die Handhabung und Überwindung interkultureller Differenzen zunehmend zu einem kritischen Erfolgsfaktor für die Durchführung internationaler Projekte. In Wirtschaftsberichten wird häufig über auf der interpersonalen Ebene auftretende Kommunikationsprobleme, Enttäuschungen, Misstrauen, in ungünstigen Fällen vom Abbruch von Projekten oder ganzer Unternehmenskooperationen berichtet. Derartige Schwierigkeiten beruhen oftmals auf dem unvorbereiteten und unprofessionellen Zusammenprall unterschiedlicher Kulturen. Die Autorin verweist auf zahlreiche in den kulturellen Kontrasten liegende Reibungsverluste, aber auch Potentiale und Triebfedern, die an Beispielen der deutschen und der thailändischen Kultur verdeutlicht werden.

Steffen Rietz (Hrsg.)

Internationales Projektgeschäft - Chancen, Handlungsempfehlungen und ausgewählte Beispiele

Mit Beiträgen von Alexander Janzer, Marcel Rockstedt, Tim Schalow und Vinh-Tai Tran

Diplomica 2012 / 276 Seiten / 49,50 Euro

ISBN 978-3-8428-8366-6

EAN 9783842883666

Nach zehn erfolgreichen Ausgaben der Schriftenreihe „Internationale und interkulturelle Projekte erfolgreich umsetzen" und als Start in das dritte Erscheinungsjahr liegt nun der Jubiläumsband vor.

Dieser Band spannt einen Bogen von Ost nach West, von Japan, dem Land der aufgehenden Sonne, bis in die USA, dem politisch und wirtschaftlich dominierenden Staat des letzten Jahrhunderts. Dieser Band hat in seiner thematischen Vielfalt einen strategischen Fokus, zeigt Unternehmens- und Branchenentwicklungen in In- und Ausland, lehrt uns Trends zu erkennen, zu nutzen und ggf. selbst aktiv zu gestalten. Von Toyota, dem japanischen Vorzeigeunternehmen, bis in die Branchenrotation der Textilbranche von Deutschland über China bis nach Vietnam werden beispielhaft Methoden und Vorgehensweisen beschrieben und zur Nachahmung empfohlen.